山东省区域科技创新能力评价报告 2018

山东省科技统计分析研究中心　著

·北京·

图书在版编目（CIP）数据

山东省区域科技创新能力评价报告 . 2018 / 山东省科技统计分析研究中心著 . —北京：科学技术文献出版社，2019. 3

ISBN 978-7-5189-5205-2

Ⅰ . ①山…　Ⅱ . ①山…　Ⅲ . ①技术革新—研究报告—山东—2018　Ⅳ . ① F124.3

中国版本图书馆 CIP 数据核字 (2019) 第 026556 号

山东省区域科技创新能力评价报告2018

策划编辑：周国臻　　责任编辑：李　晴　　责任校对：文　浩　　责任出版：张志平

出 版 者　科学技术文献出版社
地　　址　北京市复兴路15号　邮编 100038
编 务 部　(010) 58882938，58882087（传真）
发 行 部　(010) 58882868，58882870（传真）
邮 购 部　(010) 58882873
官方网址　www.stdp.com.cn
发 行 者　科学技术文献出版社发行　全国各地新华书店经销
印 刷 者　北京地大彩印有限公司
版　　次　2019 年 3 月第 1 版　2019 年 3 月第 1 次印刷
开　　本　889 × 1194　1/16
字　　数　106千
印　　张　7
书　　号　ISBN 978-7-5189-5205-2
定　　价　78.00元

前　言

党的十九大指出："创新是引领发展的第一动力，是建设现代化经济体系的战略支撑。"当前，山东省正处在深入实施创新驱动发展战略和新旧动能转换重大工程的关键时期，新时代现代化强省建设机遇与挑战并存，加快推进创新型省份建设是实现高质量发展的必由之路。开展区域科技创新能力评价，分析比较区域科技创新水平，有助于加快推进创新型城市建设，有助于加快推进区域科技进步和协调发展，有助于加快推进创新型省份建设，从而为全省经济高质量发展提供有力支撑。

山东省区域科技创新能力评价工作以区域创新体系理论为指导，立足于山东省情，建立了由创新资源、创新产出、企业创新、创新绩效、创新环境5个一级指标和23个二级指标组成的指标体系，遵循纵横可比原则，采用了综合指数评价法，并引用官方最新权威数据。研究小组历时半年多，借鉴了中国科学技术发展战略研究院《中国区域科技创新能力评价报告2018》的框架结构，形成了《山东省区域科技创新能力评价报告2018》（以下简称《报告》）。《报告》共分为三个部分：第一部分为全省科技创新基本情况评价，盘点全省2017年科技创新现状，纵向分析2015—2017年全省科技创新水平指数发展态势；第二部分为区域科技创新各级指标评价，分别从横向、纵向分析各市科技创新水平指数及发展变化情况；第三部分为区域综合科技创新水平分析，以市为单位分析各市 2017 年创新发展情况，并与上年比较。

《报告》所用数据除特别标注外，均为 2017 年统计数据。其中“当年”均为 2017 年统计数据，“上年”均为 2016 年统计数据。

《报告》系山东省科技统计分析研究中心研究成果并首次公开发布，今后将按年度连续出版。《报告》在撰写过程中得到了山东省科技厅和山东省统计局有关方面的大力支持。

由于时间紧，加之经验欠缺、水平有限，虽经专家指导，仍有诸多不足之处，恳请各位在参阅过程中提出宝贵意见和建议，以便我们在今后研究中改进。

山东省科技统计分析研究中心编辑委员会
2019 年 1 月

目　录
Contents

第一部分　全省科技创新基本情况评价

一、 全省科技创新发展总体评价

（一） 全省综合科技创新水平逐年提升

随着新旧动能转换和创新型省份建设的不断深入，全省科技创新水平指数逐年提升。2017 年，全省科技创新水平指数达到 125.98%，较上年提高 16.39 个百分点[①]，较 2015 年提高 25.98 个百分点，各级指标指数均保持增长态势。

（二） 创新资源持续增加

2017 年全省创新资源指数达到 104.56%，较 2015 年提高 4.56%，2016 年虽有回落，但总体趋势稳步上升。

创新经费投入再创新高。2017 年，全省研发经费支出达 1753 亿元，比上年增加 186.9 亿元，增长 11.94%，增速较上年提高 2.20 个百分点；研发经费投入强度（研发经费支出占生产总值的比重）达到 2.41%，较上年提高 0.10 个百分点，比全国平均水平高 0.28 个百分点；基础研究经费达 40.53 亿元，比

① 本报告中增长（减少）比例、百分点、占比等数值以原始统计数据计算得出，结果可能与报告中显示的保留两位小数点后的数值计算有差异。

上年增长 11.22%。2017 年青岛研发经费投入强度达到 2.79%，居全省首位，有 10 个市的研发经费投入强度超过了全省的平均值。全省财政科技支出达 195.77 亿元，较上年增加 28.77 亿元，增长 17.23%；地方财政科技支出占公共财政支出的比重达到 2.11%，较上年提高 0.20 个百分点。威海的地方财政科技支出占比达到了 4.18%，居全省首位，有 7 个市地方财政科技支出占比超过了全省的平均水平。

研发人员数量质量稳步提升。2017 年，全省 R&D 人员达到 30.48 万人年，较上年增长 1.10%；R&D 人员中硕士以上学历所占比重为 17.18%，较上年提高 0.95 个百分点。每万名就业人员中研发人员数达到 46.46 人年，比上年增长 2.47%。济南每万名就业人员中研发人员数达到了 110.85 人年，遥遥领先。在高层次人才引进与培养方面各市取得显著成效。高学历研发人员比重的提升进一步促进了整体研发实力的增强。

（三）创新产出成果丰硕

2017 年全省创新产出指数达到 117.56%，分别较 2015 年、2016 年提高 17.56、9.75 个百分点，创新产出的数量和质量均有进一步提升。

专利活动规模进一步扩大。2017 年，全省国内发明专利申请量达到67 773 件，每亿元 GDP 发明专利申请数为 0.93 件；发明专利授权量 19 090 件；PCT 国际专利申请量为 1730 件，位列广东、北京、江苏、上海之后；每万人发明专利拥有量超过 7.57 件，比上年提高 1.24 件。从各市情况来看，济南、青岛每万人发明专利拥有量以超过 20 件的数量遥遥领先其他各市；淄博、威海、莱芜、烟台每万人发明专利拥有量均超过了全省的平均值。

技术交易规模与质量不断提升。2017 年，全省共登记技术合同 25 947 项，较上年增长 15.56%；成交金额 541.61 亿元，居全国第 8 位，比上年增长 28.88%。技术交易质量同步提升，平均每项技术合同成交额为 208.74 万元，较上年增长 10.57%。青岛技术合同成交额以 126.66 亿元的明显优势领先于其他各市；济南、烟台、潍坊均超过了 50.00 亿元。技术创新与科技成果转化成为推动山东省经济调结构转方式的重要推动力。

（四） 企业创新引领高质量发展

2017 年全省企业创新指数达到 138.64%，分别较 2015 年、2016 年提高 38.64、24.93 个百分点，年均增幅超过 10%。

企业研发投入持续增加。2017 年，全省规模以上工业企业 R&D 经费支出达 1563.68 亿元，较上年增长 10.51%，占主营业务收入的比重为 1.11%，较上年提高 0.17 个百分点。青岛规模以上工业企业 R&D 经费支出占主营业务收入的比重达到 2.00%，有 9 个市的占比超过了全省的平均水平。全省规模以上工业企业 R&D 人员折合全时当量 23.92 万人年，占全社会 R&D 人员折合全时当量的 78.46%。全省有研发机构的规模以上工业企业占规模以上工业企业的比重为 9.97%，较上年提高 1.69 个百分点。淄博在这一方面占比居全省首位，达到 21.99%，全省 8 个市占比超过了 10.00%。

高新技术产业蓬勃发展。2017 年，全省共有高新技术企业 6300 家，较上年增长 34.27%。青岛高新技术企业达到 2053 家，占全省总数的 32.59%。全省高新技术产业产值达到 52 132.74 亿元，占规模以上工业总产值比重为 34.96%，较上年提高 1.21 个百分点。济南高新技术产业产值占规模以上工业总产值比重达到 45.15%，居全省首位；全省有 5 个市占比超过了全省平均水平。全省高新技术产品进出口额达到 1966.71 亿元，其中，出口额 990.06 亿元，比上年同期增长 1.60%；进口额 976.65 亿元，比上年增长 1.40%。全省规模以上工业企业新产品销售收入占主营业务收入比重达 12.87%，较上年提高 2.04 个百分点。高新技术产业成为地区经济发展的先导产业，极大地促进了产业结构的调整和国民经济的发展。

（五） 科技创新驱动经济新引擎

2017 年全省创新绩效指数为 126.63%，分别较 2015 年、2016 年提高 26.63%、14.26%，增速平稳。

知识密集型服务业发展迅速。2017 年，全省知识密集型服务业增加值达到 8297.38 亿元，较上年增长 11.00%，占 GDP 比重达到 11.42%，较上年提高 0.42 个百分点。新常态下，知识密集型服务业通过对经济结构和动力因素的影响逐渐成为未来经济发展的强劲驱动力。

高新技术产业开发区辐射带动作用凸显。2017 年，全省省级以上高新技术产业开发区实现规模以上工业主营业务收入 19 069.6 亿元，比上年增长 6.80%；规模以上工业利税达到 2447.5 亿元，较上年增长 13.60%。青岛所属省级以上高新区规模以上工业主营业务收入达到 3050.61 亿元，占全省总规模的 16.00%。

劳动效率进一步提高。2017 年，全省全员劳动生产率达到 11.07 万元/人，较上年提高 0.86 万元/人。东营、青岛、威海全员劳动生产率位居全省前 3 位。

能源利用效率有所改善。2017 年，全省万元 GDP 综合能耗较上年降低率为 6.94%。济南、滨州降低率超过了 10.00%。

（六）科技创新创业环境全面优化

2017 年全省创新环境指数达到 147.64%，分别较 2015、2016 年提高 47.64、30.30 个百分点，是所有一级指标中增长最快的指标。

普惠性政策落实取得良好成效。2017 年，全省研发费用加计扣除减免税达到 36.36 亿元，比上年增长 95.31%，占企业研发经费的比重为 2.33%，较上年提高 1.01 个百分点；高新技术企业减免税达到 98.63 亿元，比上年增长 53.63%。大部分市在这 2 项普惠政策的落实上有较大提升。

创新载体蓬勃发展。截至 2017 年年底，全省省级以上重点实验室 264 家，其中，国家级重点实验室 20 家；拥有省级以上工程技术研究中心 1117 家；省级以上科技企业孵化器 203 家，较上年增长 37.16%；省级以上众创空间 422 家，较上年增长 44.03%；国家级技术转移示范机构 30 家。各市积极打造创新平台，为高层次人才和企业提供服务。济南凭借其区位优势，在创新载体建设方面遥遥领先；青岛、潍坊、威海、烟台、淄博、济宁等市省级以上创新载体超过了 100 家。

表 1－1 所示为 2015—2017 年山东省科技创新评价指标情况。

表 1－1　山东省科技创新评价指标比较

指标		2015 年	2016 年	2017 年
创新资源	全社会研发（R&D）经费支出占地区生产总值（GDP）的比重（%）	2.23	2.31	2.41
	地方财政科技支出占公共财政支出的比重（%）	1.93	1.91	2.11
	每万人拥有的受大专及以上教育程度人口数（人）	1157	960	992
	每万名就业人员中研发人员数（人年）	44.91	45.34	46.46
	R&D 人员中博士毕业生所占比重（%）	3.91	4.17	4.54
创新产出	每万元科学研究经费（基础研究经费与应用研究经费之和）的国际科技论文数量（篇）	0.0185	0.0180	0.0207
	每亿元 GDP 年登记技术合同成交额（万元）	53.20	61.87	74.57
	每亿元 GDP 发明专利申请数（件）	1.46	1.30	0.93
	每万人发明专利拥有量（件）	4.9	6.33	7.57
企业创新	规模以上工业企业 R&D 经费支出占主营业务收入的比重（%）	0.89	0.94	1.11
	规模以上工业企业 R&D 人员占规模以上工业企业从业人员比重（%）	3.87	4.31	4.76
	高新技术企业数量占规模以上工业企业数量比重（%）	9.41	11.86	16.52
	有研发机构的规模以上工业企业占规模以上工业企业比重（%）	7.00	8.28	9.97
	规模以上工业企业新产品销售收入占主营业务收入比重（%）	10.09	10.83	12.87
创新绩效	高新技术产业产值占规模以上工业总产值比重（%）	32.51	33.75	34.96
	知识密集型服务业增加值占 GDP 比重（%）	10.19	11.00	11.42
	省级以上高新区规模以上工业主营业务收入占全省规模以上工业主营业务收入比重（%）	12.08	12.76	13.54
	全员劳动生产率（万元/人）	9.63	10.21	11.07
	万元 GDP 综合能耗较上年降低率（%）	3.72	5.15	6.94
创新环境	研发费用加计扣除减免税占企业研发经费的比重（%）	1.38	1.32	2.33
	每万名就业人员累计孵化企业数（个）	0.84	1.05	1.36
	科学研究和技术服务业平均工资比较系数（%）	98.33	102.63	100.70
	每万人互联网宽带接入用户数（万户）	0.17	0.24	0.26

二、 区域综合科技创新水平评价

（一） 各市综合科技创新水平评价

2017 年全省各市科技创新指数较上年均实现增长，这说明各市科技创新综合水平有所提高。根据各市综合科技创新水平指数，可以将 17 个市划分为 4 类（图 1－1、图 1－2）。

第 1 类：综合科技创新水平指数达到 85% 以上的市，包括济南、青岛。

第 2 类：综合科技创新水平指数低于 85%，但高于 55% 的市，包括淄博、威海、烟台、东营。

第 3 类：综合科技创新水平指数低于 55%，但高于 45% 的市，包括莱芜、潍坊、泰安、滨州、济宁。

第 4 类：综合科技创新水平指数在 45% 以下的市，包括日照、枣庄、临沂、德州、聊城、菏泽。

与上年相比，综合科技创新水平指数位次上升的市有淄博、东营、泰安、莱芜、滨州，位次均上升 1 位。位次下降的市有潍坊、济宁、威海，其中，潍坊和济宁均下降 2 个位次，威海下降 1 个位次。

通过各市区域科技创新评价结果可见（图 1－1、图 1－2），党的十八大以来，区域科技创新已成为各市各级党政部门工作的重中之重，成为推动当地经济、社会发展的重要动力。各市科技创新环境显著改善，济南、青岛引领创新发展的地位和优势日益凸显，山东省半岛国家自主创新示范区创新辐射带动作用日益增强，中西部地区加速发展态势日益明显。山东省多层次、各具特色的区域创新格局逐渐形成。

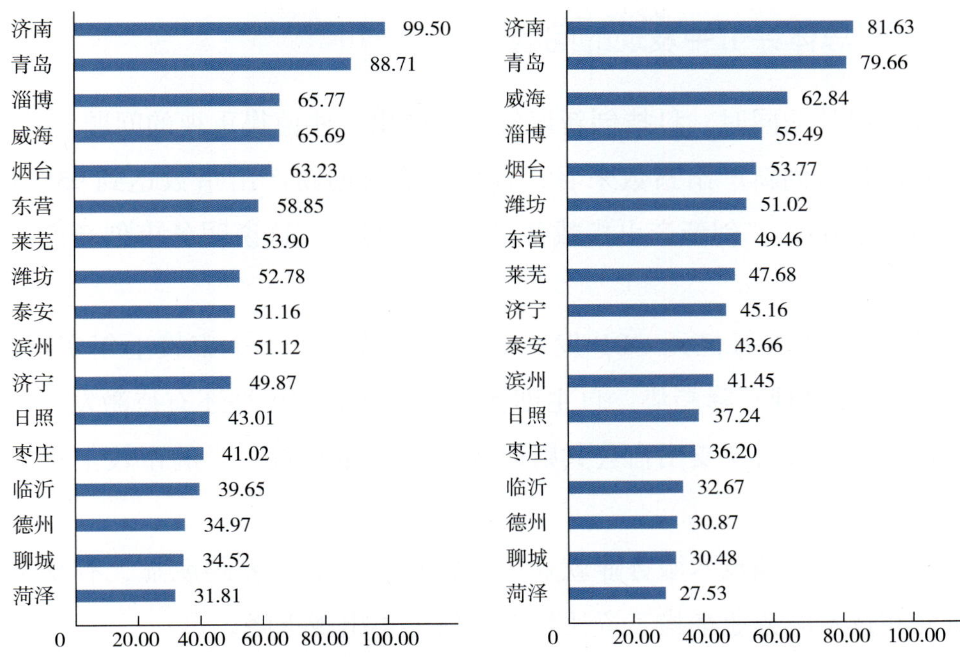

（a）当年各市综合科技创新水平指数（%）　　（b）上年各市综合科技创新水平指数（%）

图 1－1　区域综合科技创新水平指数

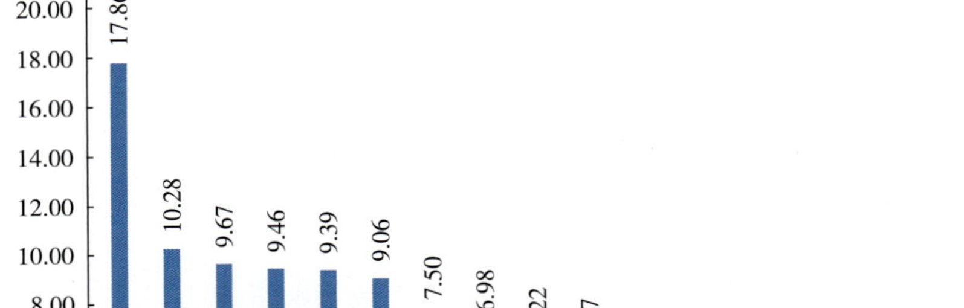

图 1－2　当年区域综合科技创新水平指数较上年提高百分点

（二）总体评价中发现的问题

在取得成效的同时，科技创新评价也反映出一些值得重视的问题。

一是从各市创新产出指数来看，青岛、济南创新产出指数达到95%以上，其他市均低于60%，创新产出指数各市间断层明显，这说明各市创新产出效率有待进一步提高。

二是全省17市每亿元GDP发明专利申请数只有4个市较上年实现增长，其他13个市均呈现下降趋势，自主创新的活跃度和积极性还有待激发。

三是地方财政科技支出占公共财政支出的比重有近一半的市较上年出现了不同程度的下降。

四是科学研究和技术服务业就业人员待遇在区域间差距明显，有9个市的科学研究和技术服务业平均工资比较系数较上年出现下降。

五是山东省东西部区域科技创新水平差异日益明显。推动东西部城市的协同创新，加快西部各市的快速发展，挖掘其蕴育着的创新潜力，是山东省面临亟须解决的问题。

第二部分 区域科技创新各级指标评价

一、 区域科技创新一级指标评价

（一） 创新资源评价

从创新资源指数来看，济南、青岛、威海、东营、烟台居前5位，创新资源指数均在70%以上。有13个市的创新资源指数较上年提高（图2－1、图2－2）。

与上年相比，威海、东营、滨州、泰安、临沂、日照位次均上升1位。从二级指标分析，威海全社会研发（R&D）经费支出占地区生产总值（GDP）比重和地方财政科技支出占公共财政支出比重2个指标较上年有较大提升；东营因地方财政科技支出占公共财政支出的比重提升幅度较大，位次由上年的第13位上升至第6位；滨州地方财政科技支出占公共财政支出的比重、R&D人员中博士毕业生所占比重较上年都有较大增长；泰安主要是R&D人员中博士毕业生所占比重提升较快，较上年提高近1个百分点；临沂全社会研发（R&D）经费支出占地区生产总值（GDP）比重较上年提高0.21个百分点；日照全社会研发（R&D）经费支出占地区生产总值（GDP）比重、地方财政科技支出占公共财政支出的比重和每万名就业人员中研发人员数均较上年有不同程度增长。而莱芜主要由于地方财政科技支出占公共财政支出的比重较上年大幅下滑，致使创新资源指数位次下降2位；烟台虽然4个指标都较上年有所增长，但创新资源指数的增长速度低于威海、东营，所以位次由上年的第3位下降到第5位；聊城、德州位次下降1位。

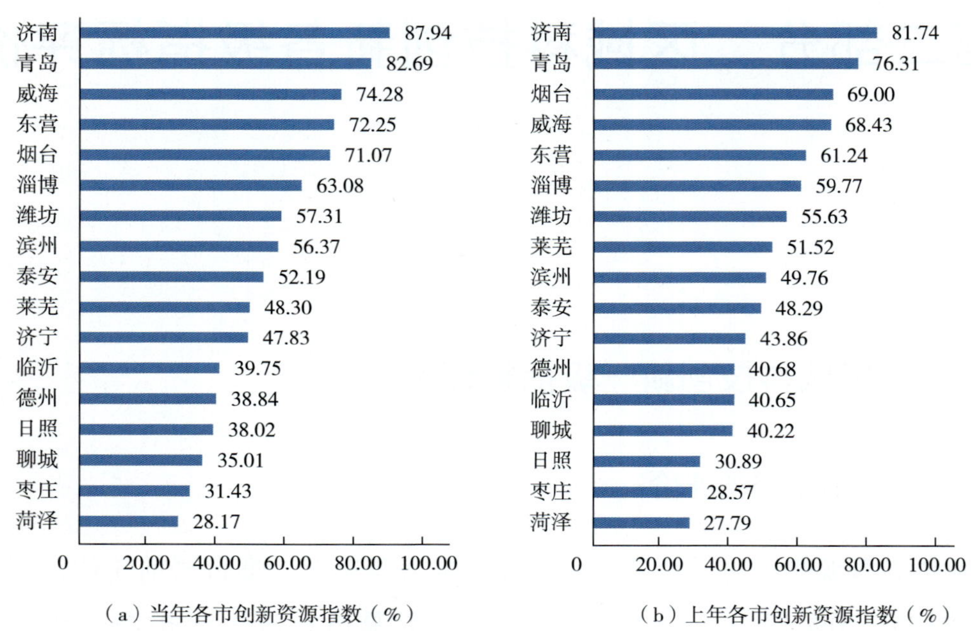

图2－1　区域创新资源指数

图2－2　当年区域创新资源指数较上年提高百分点

（二）创新产出评价

从创新产出指数来看，济南、青岛、淄博、威海、潍坊、烟台居前6位，其中，济南、青岛创新产出指数达到95%以上，其他4市创新产出指数在45%～60%，差距较大。有12个市的创新产出指数较上年提高（图2－3、图2－4）。

与上年相比，聊城、德州位次上升2位，从二级指标来看，两市每万人发明专利拥有量较上年位次均上升1位，聊城每亿元GDP年登记技术合同成交额位次上升2位，德州每亿元GDP发明专利申请数位次上升1位。济南由于每亿元GDP年登记技术合同成交额由上年的第7位上升至第1位，使得创新产出指数位次上升1位，超过青岛；淄博、烟台、济宁、临沂位次均上升1位。日照位次下降4位，主要原因是每亿元GDP年登记技术合同成交额、每亿元GDP发明专利申请数位次均有不同程度下降，前者由上年的第12位下降至第14位，后者由上年的第7位下降至第16位；滨州主要由于每亿元GDP年登记技术合同成交额在15个市都出现增长的情况下，出现了下降，致使位次被聊城、德州赶超，下降2位；青岛、威海、莱芜位次均下降1位。

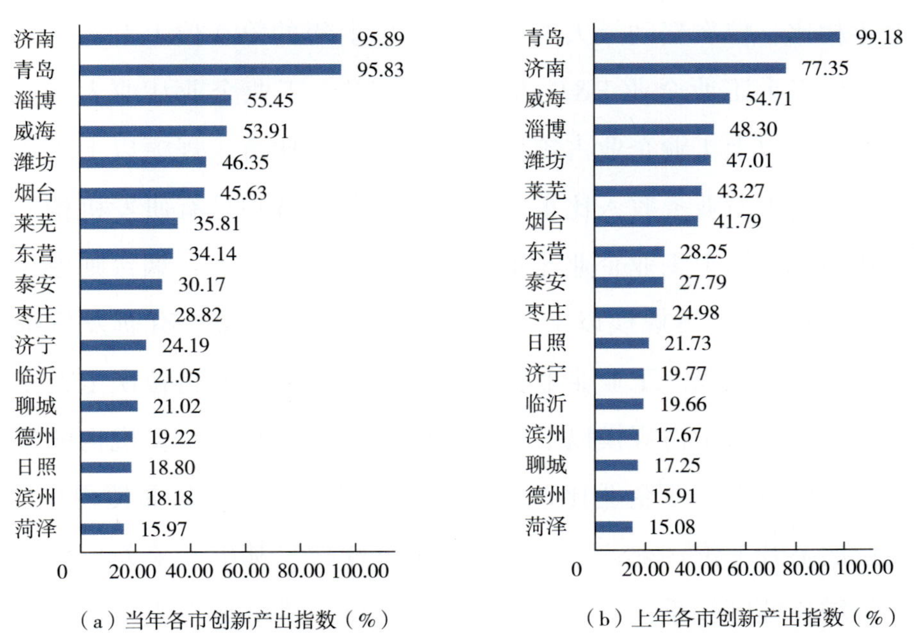

图2－3　区域创新产出指数

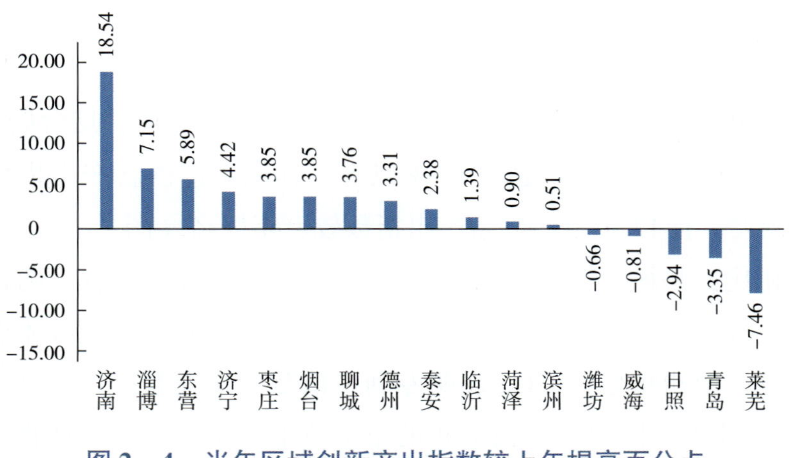

图 2－4　当年区域创新产出指数较上年提高百分点

（三）企业创新评价

从企业创新指数来看，各市企业创新指数均较上年提高。青岛、济南、淄博、烟台、济宁、莱芜位居全省前 6 位，企业创新指数均在 60% 以上，青岛该指数达到 108.30%，远超过其他各市（图 2－5、图 2－6）。

与上年相比，位次变动最大的是淄博，由上年的第 9 位上升至第 3 位，主要原因是规模以上工业企业 R&D 人员占规模以上工业企业从业人员比重、有研发机构的规模以上工业企业占规模以上工业企业比重、规模以上工业企业新产品销售收入占主营业务收入比重上升幅度较大，特别是有研发机构的规模以上工业企业占规模以上工业企业比重，遥遥领先其他各市；烟台则由于规模以上工业企业 R&D 人员占规模以上工业企业从业人员比重、有研发机构的规模以上工业企业占规模以上工业企业比重提升较快，从而使得位次上升 2 位；青岛在高新技术企业数量占规模以上工业企业数量比重和有研发机构的规模以上工业企业占规模以上工业企业比重 2 个指标上赶超济南，从而使得位次上升 1 位；日照位次上升 1 位。莱芜、潍坊位次下降 3 位，其中，莱芜虽然各指标均有增长，但增长幅度较小，不及淄博、烟台等市；潍坊则主要是规模以上工业企业 R&D 人员占规模以上工业企业从业人员的比重、有研发机构的规模以上工业企业占规模以上工业企业比重下滑较多导致下降3位。滨州位次下降2位，主要原因是规模以上工业企业R&D人员占规模以上工业企业从业人员的比重下降幅度较大，由上年的第4位下降至第8位；济南、济宁位次下降1位。

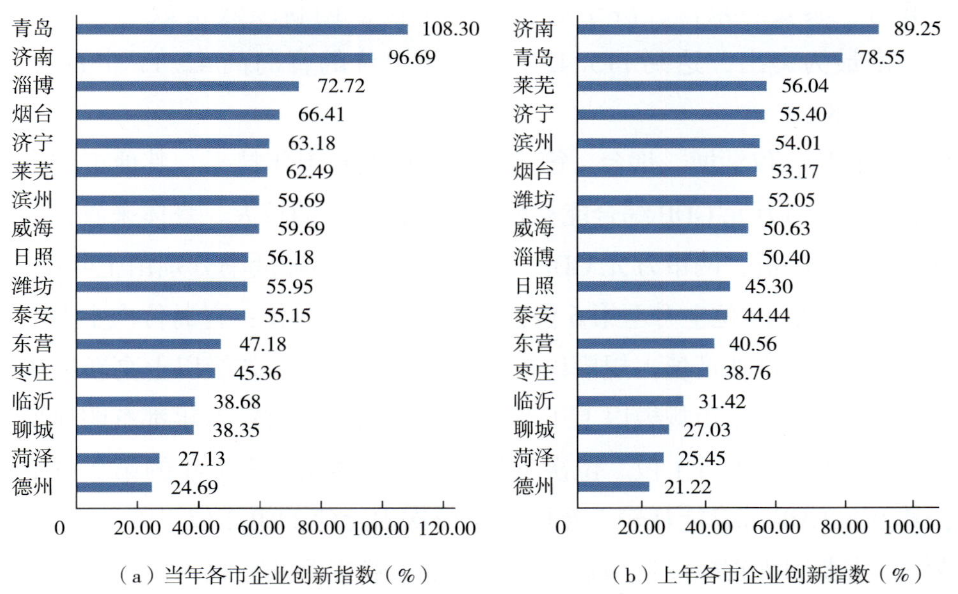

图2－5　区域企业创新指数

图2－6　当年区域企业创新指数较上年提高百分点

（四）创新绩效评价

从创新绩效指数来看，有 13 个市创新绩效指数较上年提高。济南、青岛、淄博、威海、泰安、东营、济宁居全省前 7 位，创新绩效指数均在 60% 以上，其中，济南最为突出，达到 115. 42%，比第 2 位的青岛高 42. 17 个百分点（图 2－7、图 2－8）。

与上年相比，仅淄博、烟台、德州、枣庄位次与上年持平，其他市位次均发生变化，主要是各市万元 GDP 综合能耗较上年降低率浮动较大。具体来看，位次上升最快的是滨州、临沂，两市万元 GDP 综合能耗较上年降低率分别由上年的第 12 位上升至第 2 位，第 17 位上升至第 6 位；东营位次上升 3 位；青岛位次上升 2 位，主要原因是高新技术产业产值占规模以上工业总产值比重、省级以上高新区规模以上工业主营业务收入占全市规模以上工业主营业务收入比重较上年都有明显增长；济南、泰安、莱芜位次上升 1 位。位次下降最多的是潍坊，由上年的第 7 位下降至第 14 位，其万元 GDP 综合能耗较上年降低率位次由上年的第 2 位下降至第 17 位；其次是威海，主要因为省级以上高新区规模以上工业主营业务收入占全市规模以上工业主营业务收入比重和万元 GDP 综合能耗较上年降低率位次均下降 3 位，使得该指数位次下降 3 位；济宁、菏泽、聊城、日照位次均下降 2 位。

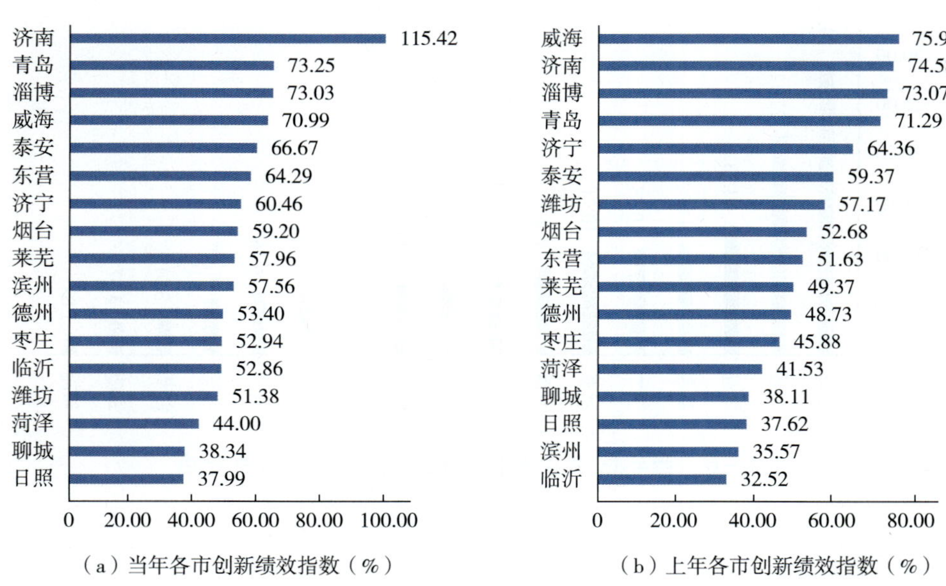

图 2－7　区域创新绩效指数

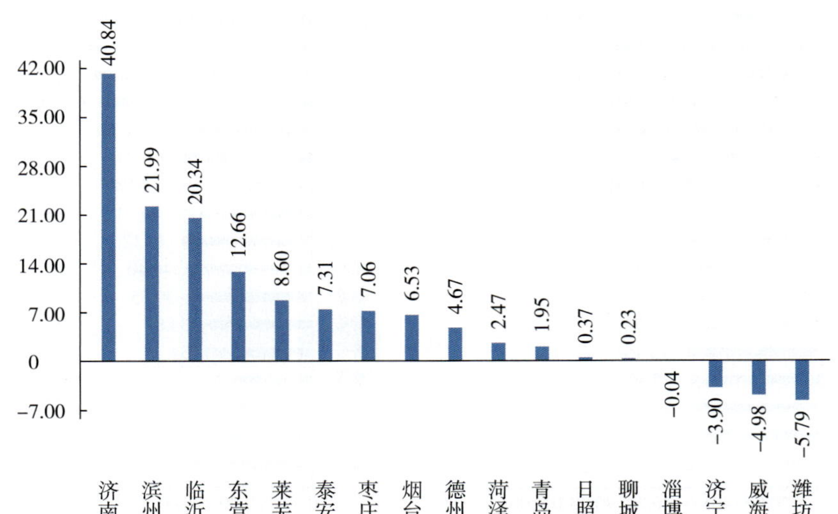

图 2－8　当年区域创新绩效指数较上年提高百分点

（五）创新环境评价

从创新环境指数来看，各市创新环境指数均较上年有较大增长。济南、东营、青岛、烟台、威海居全省前 5 位，创新环境指数均在 70% 以上（图 2－9、图 2－10）。

与上年相比，莱芜位次上升最快，由第 14 位上升至第 6 位，主要是研发费用加计扣除减免税占企业研发经费的比重上升幅度较大，由上年的第 16 位上升至第 2 位。其次是菏泽，由上年的第 17 位上升至第 12 位，主要因为研发费用加计扣除减免税占企业研发经费的比重、每万名就业人员累计孵化企业数较上年提升幅度较大；东营、烟台、泰安均上升 1 个位次。位次下降较多的是枣庄，主要原因是研发费用加计扣除减免税占企业研发经费的比重位次下降较大，由上年的第 7 位下降至第 15 位。临沂位次下降 3 位，主要因为研发费用加计扣除减免税占企业研发经费比重下降位次较多，由上年的第 5 位下降至第 13 位；滨州、聊城位次下降 2 位；青岛、威海、日照位次均下降 1 位。

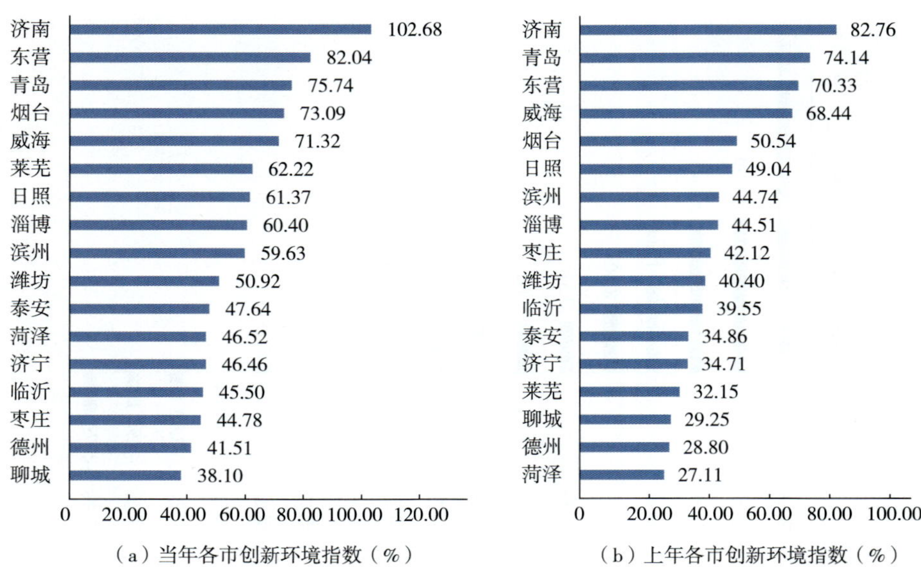

图 2－9　区域创新环境指数

图 2－10　当年区域创新环境指数较上年提高百分点

二、　区域科技创新二级指标评价①

1. 全社会研发（R&D）经费支出占地区生产总值（GDP）的比重（图 2－

① 由于“每万人拥有的受大专及以上教育程度人口数”“每万元科学研究经费（基础研究经费与应用研究经费之和）的国际科技论文数量”“知识密集型服务业增加值占 GDP 比重”各市数据无法获取，因而对各市科技创新水平评价采用 20 个指标。另外，本节中当年评价值为各指标当年数值除以相应的评价标准计算得出，上年评价值为各指标上年数值除以相应的评价标准计算得出。

11 至图 2－13）

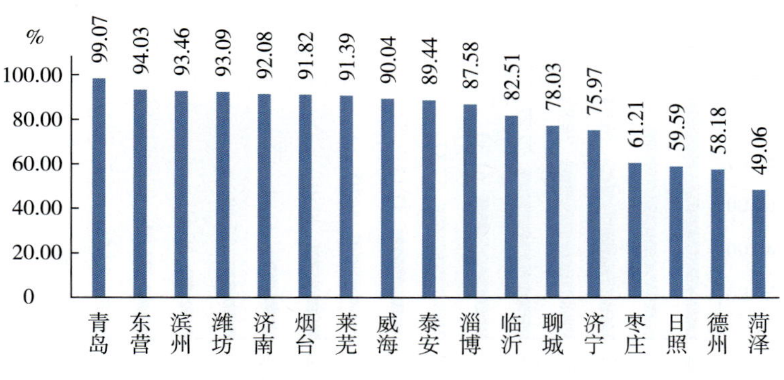

图2-11　当年评价值

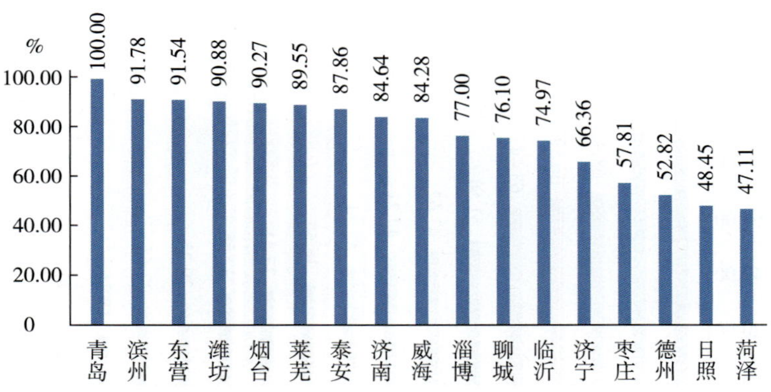

图2-12　上年评价值

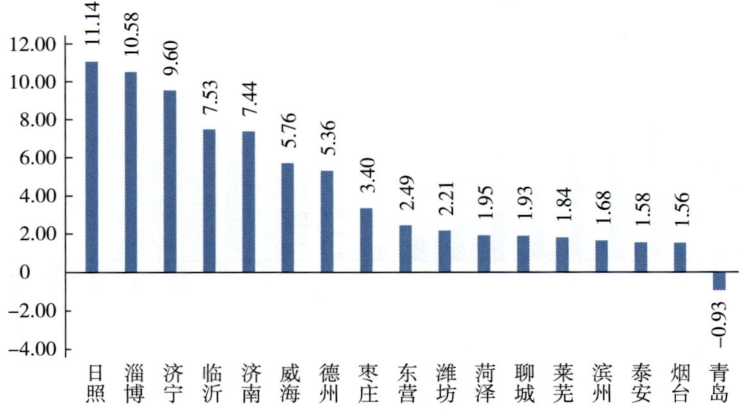

图2-13　当年评价值比上年评价值提高百分点

2. 地方财政科技支出占公共财政支出的比重（图 2－14 至图 2－16）

图2－14　当年评价值

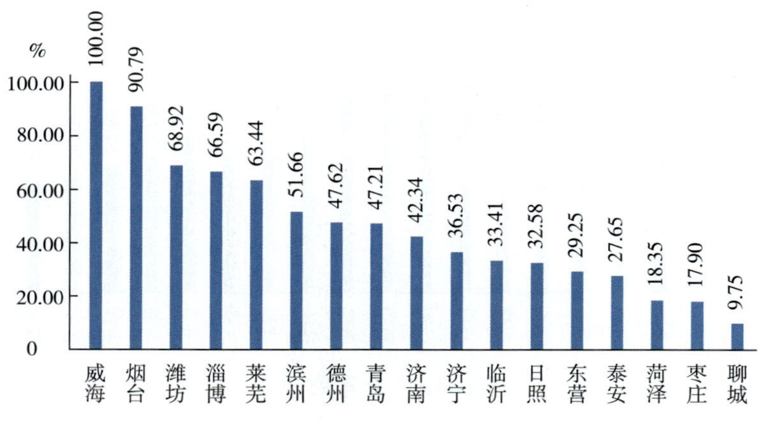

图2－15　上年评价值

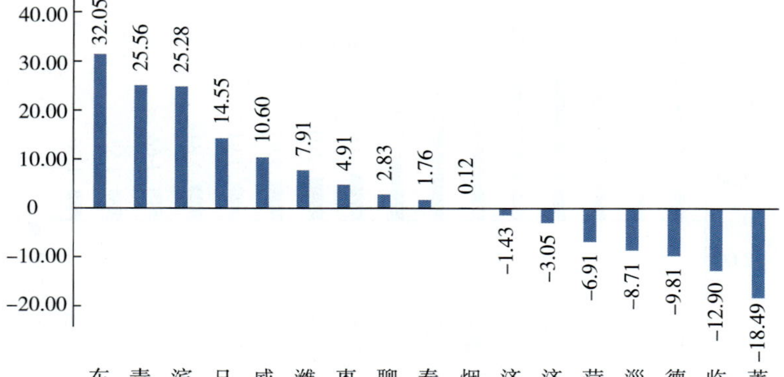

图2－16　当年评价值比上年评价值提高百分点

3. 每万名就业人员中研发人员数（图 2－17 至图 2－19）

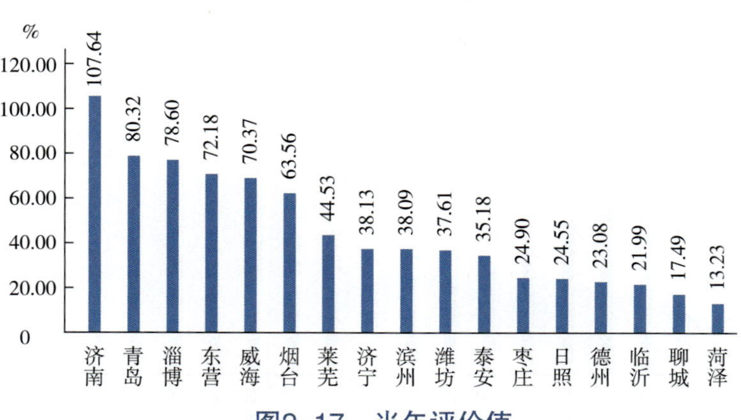

图2–17　当年评价值

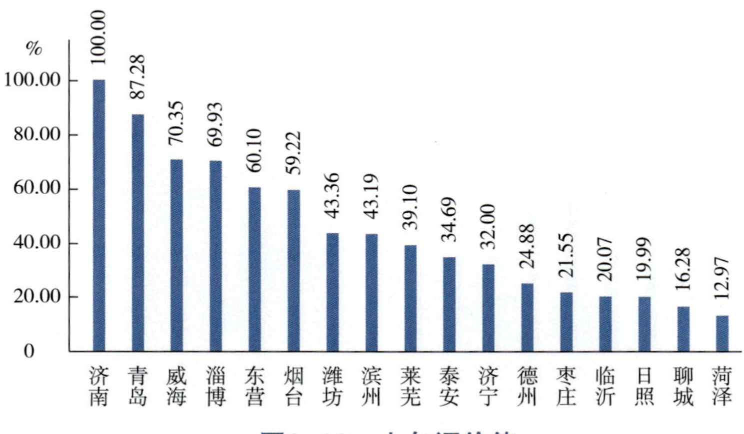

图2–18　上年评价值

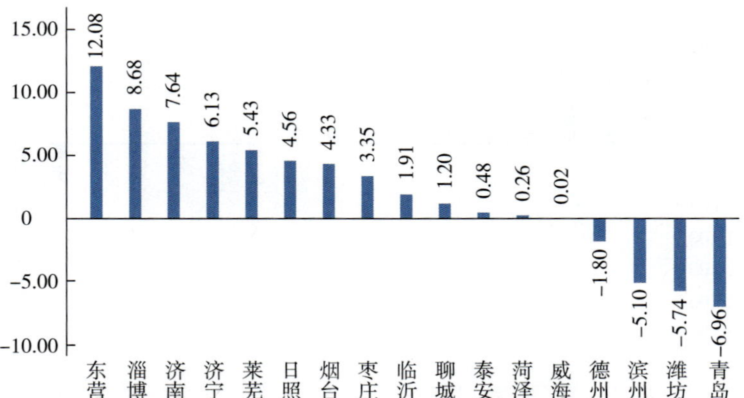

图2–19　当年评价值比上年评价值提高百分点

4. R&D 人员中博士毕业生所占比重（图 2－20 至图 2－22）

图2-20　当年评价值

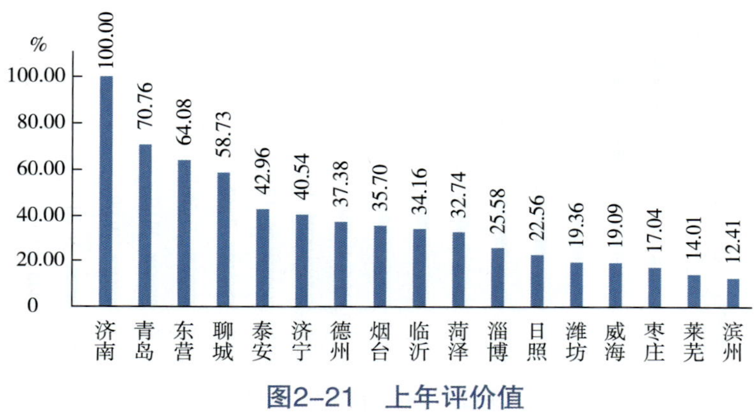

图2-21　上年评价值

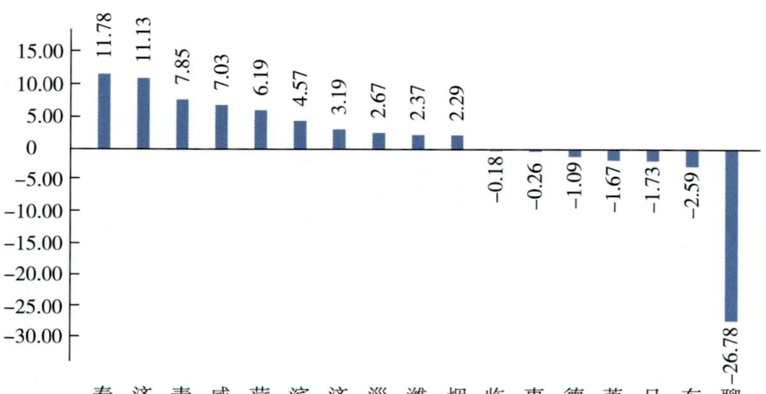

图2-22　当年评价值比上年评价值提高百分点

5. 每亿元 GDP 年登记技术合同成交额（图 2－23 至图 2－25）

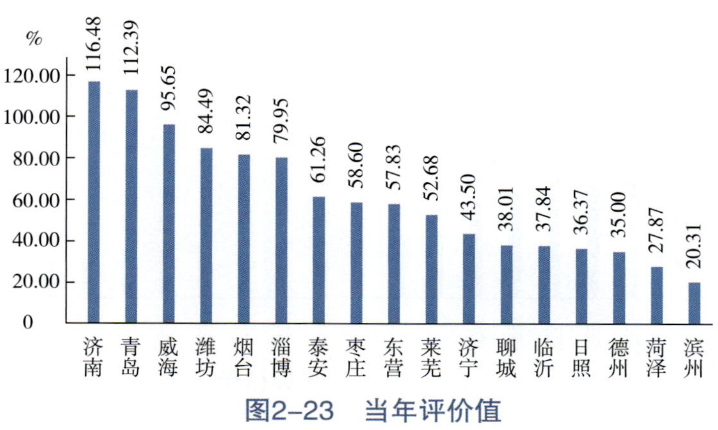

图2–23　当年评价值

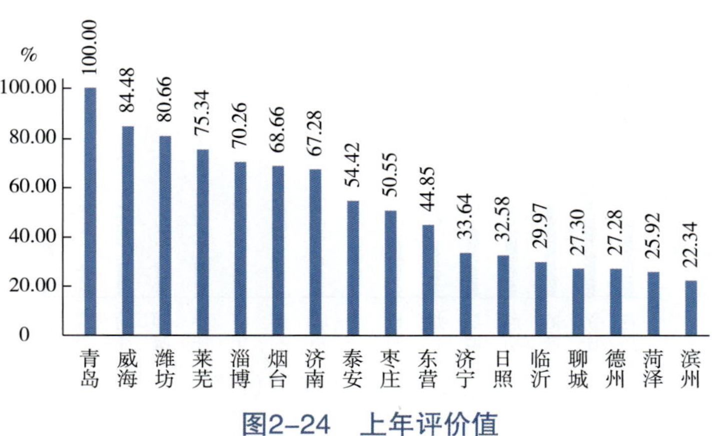

图2–24　上年评价值

图2–25　当年评价值比上年评价值提高百分点

6. 每亿元 GDP 发明专利申请数（图 2－26 至图 2－28）

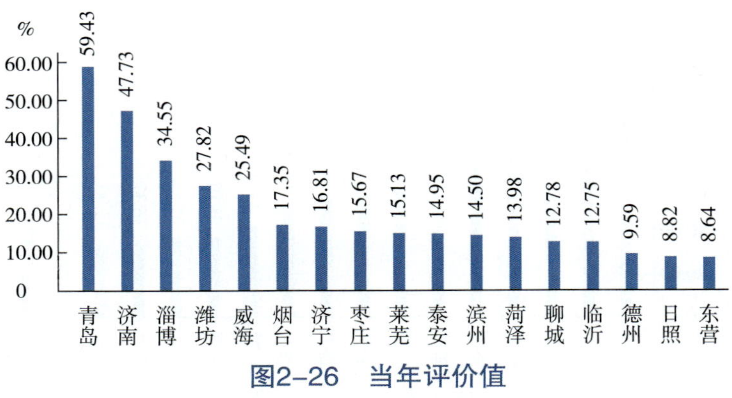

图2-26　当年评价值

图2-27　上年评价值

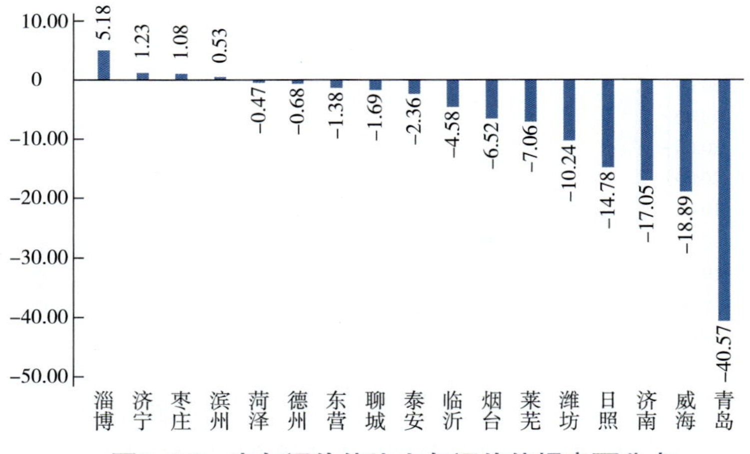

图2-28　当年评价值比上年评价值提高百分点

7. 每万人发明专利拥有量（图 2－29 至图 2－31）

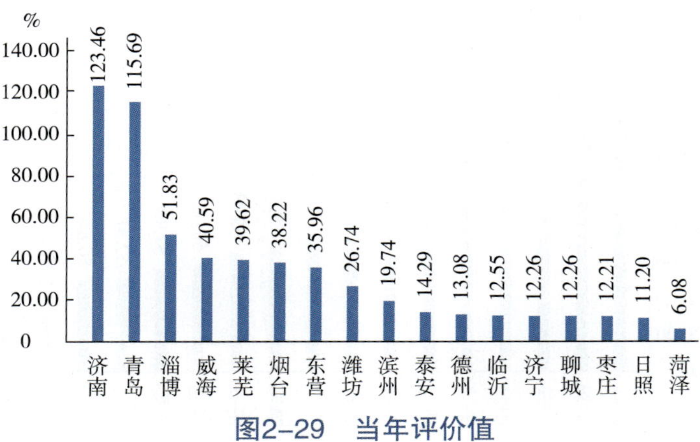

图2-29 当年评价值

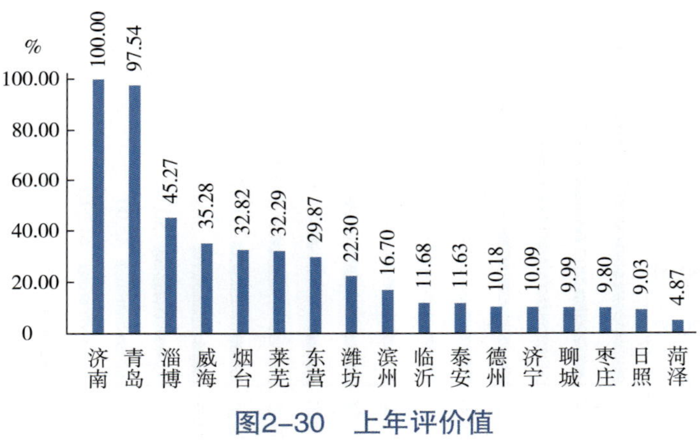

图2-30 上年评价值

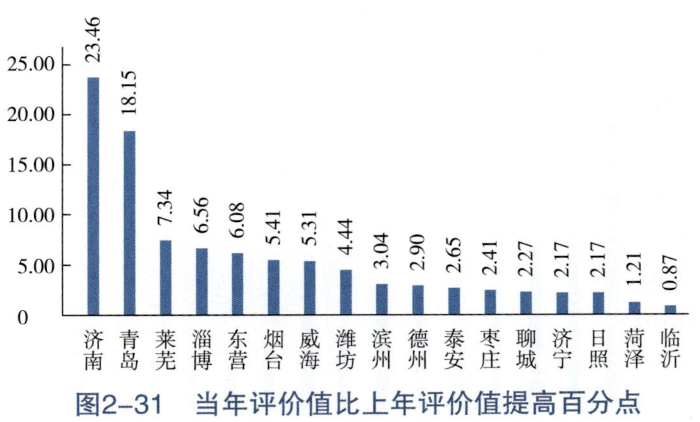

图2-31 当年评价值比上年评价值提高百分点

8. 规模以上工业企业 R&D 经费支出占主营业务收入的比重（图 2－32 至图 2－34）

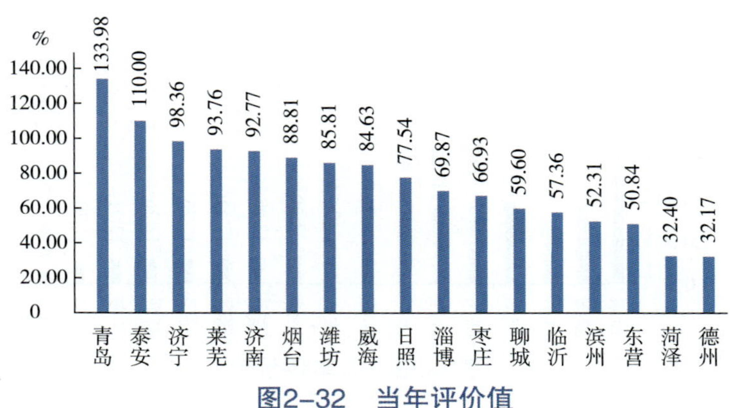

图2－32　当年评价值

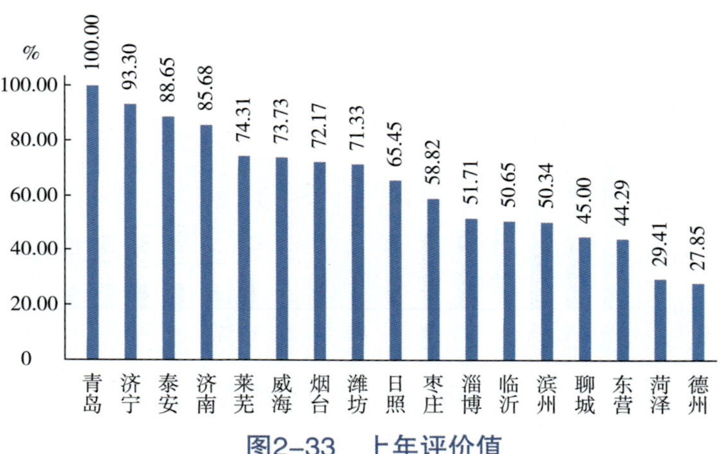

图2－33　上年评价值

图2－34　当年评价值比上年评价值提高百分点

9. 规模以上工业企业 R&D 人员占规模以上工业企业从业人员比重（图 2－35 至图 2－37）

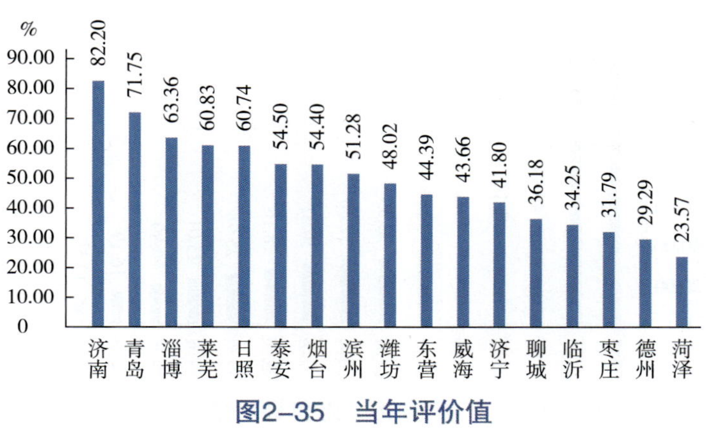

图2-35　当年评价值

图2-36　上年评价值

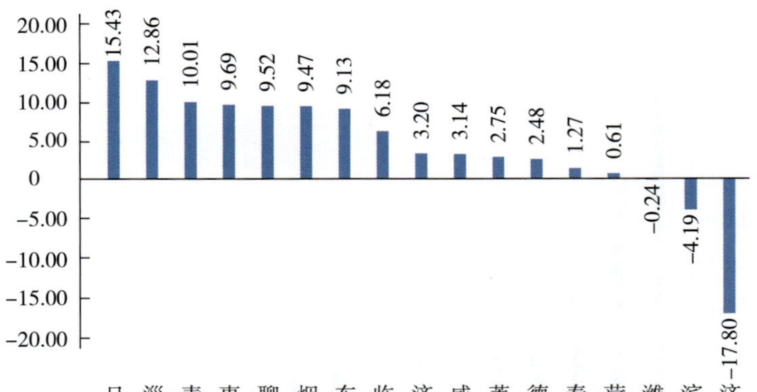

图2-37　当年评价值比上年评价值提高百分点

10. 高新技术企业数量占规模以上工业企业数量比重（图 2 - 38 至图 2 - 40）

图2-38　当年评价值

图2-39　上年评价值

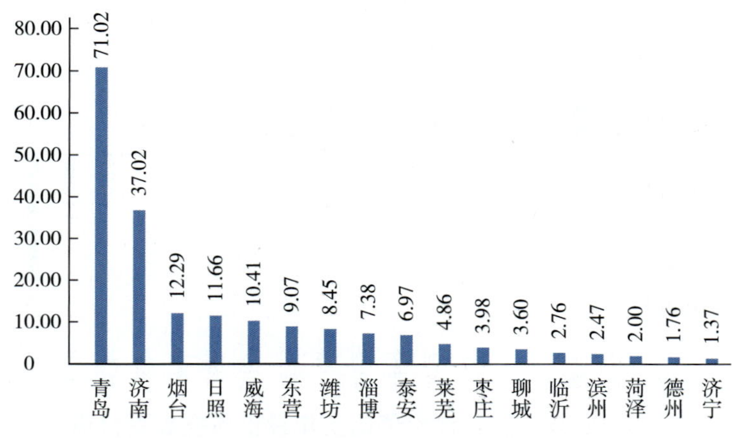

图2-40　当年评价值比上年评价值提高百分点

11. 有研发机构的规模以上工业企业占规模以上工业企业比重（图2－41至图2－43）

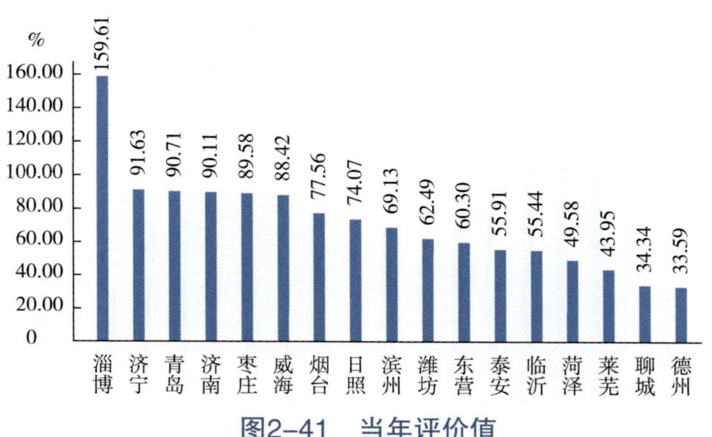

图2-41 当年评价值

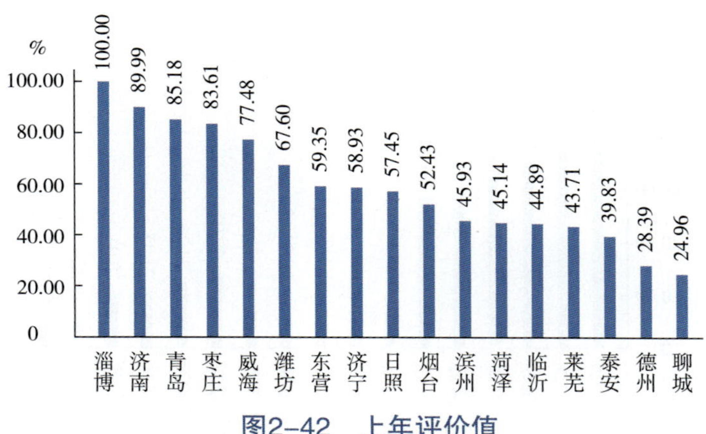

图2-42 上年评价值

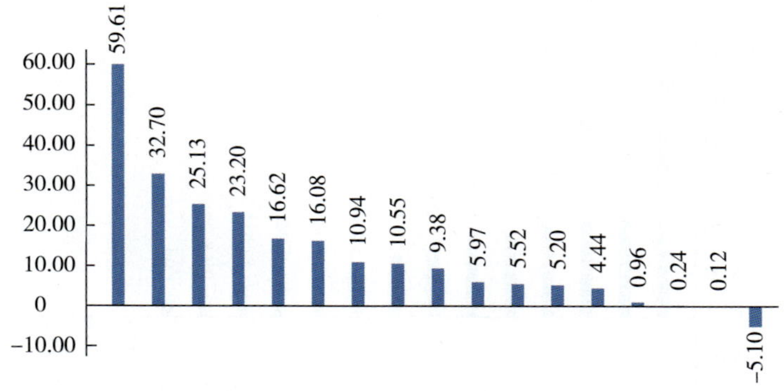

图2-43 当年评价值比上年评价值提高百分点

12. 规模以上工业企业新产品销售收入占主营业务收入比重（图 2－44 至图 2－46）

%
120.00
100.00
80.00
60.00
40.00
20.00
0
104.94
94.33
81.35
80.37
61.34
53.80
50.67
42.81
42.59
40.80
39.58
35.75
30.16
29.36
23.12
15.48
14.92
滨州
青岛
济南
莱芜
烟台
济宁
聊城
潍坊
淄博
东营
威海
日照
临沂
泰安
菏泽
枣庄
德州

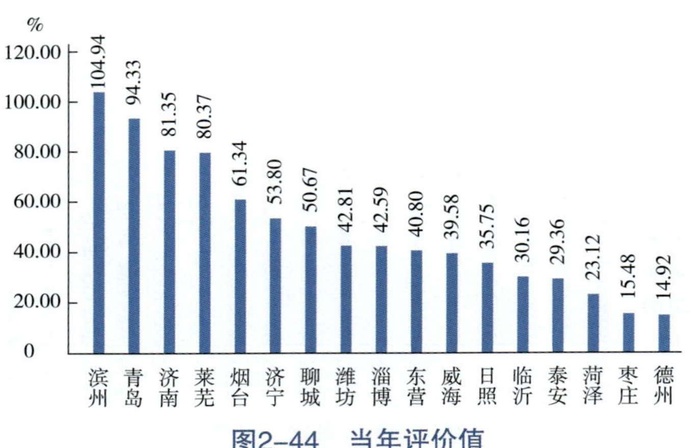

图2-44　当年评价值

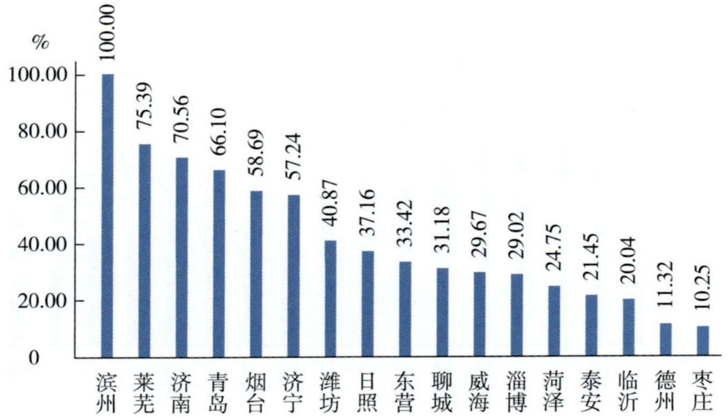

%
100.00
80.00
60.00
40.00
20.00
0
100.00
75.39
70.56
66.10
58.69
57.24
40.87
37.16
33.42
31.18
29.67
29.02
24.75
21.45
20.04
11.32
10.25
滨州
莱芜
济南
青岛
烟台
济宁
潍坊
日照
东营
聊城
威海
淄博
菏泽
泰安
临沂
德州
枣庄

图2-45　上年评价值

30.00
25.00
20.00
15.00
10.00
5.00
0
-5.00
28.23
19.49
13.57
10.79
10.12
9.91
7.90
7.39
5.23
4.98
4.94
3.60
2.65
1.94
-1.41
-1.63
-3.44
青岛
聊城
淄博
济南
临沂
威海
泰安
东营
枣庄
莱芜
滨州
德州
烟台
潍坊
日照
菏泽
济宁

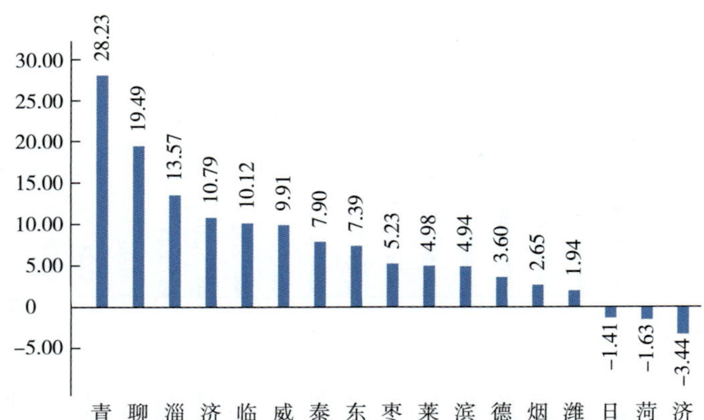

图2-46　当年评价值比上年评价值提高百分点

13. 高新技术产业产值占规模以上工业总产值比重（图 2－47 至图 2－49）

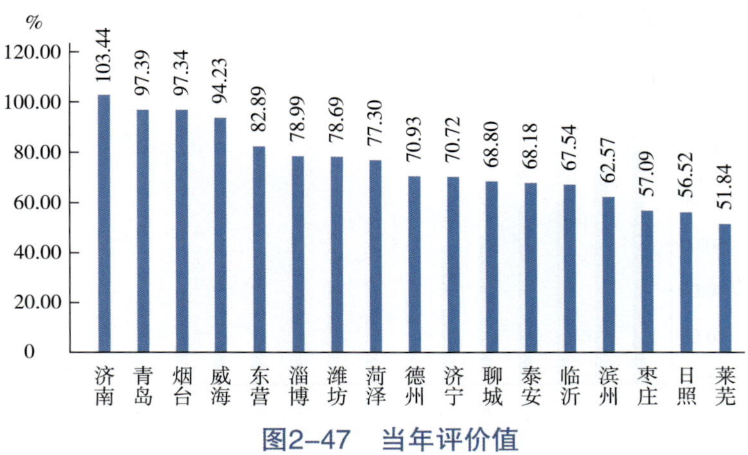

图2－47　当年评价值

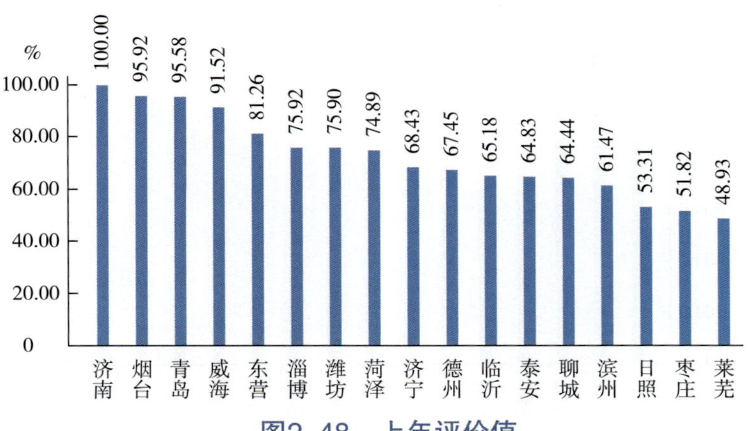

图2－48　上年评价值

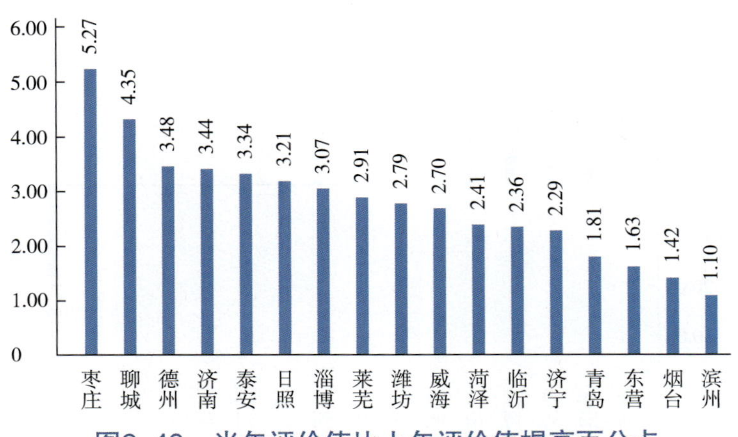

图2－49　当年评价值比上年评价值提高百分点

14. 省级以上高新区规模以上工业主营业务收入占全市规模以上工业主营业务收入比重（图 2－50 至图 2－52）

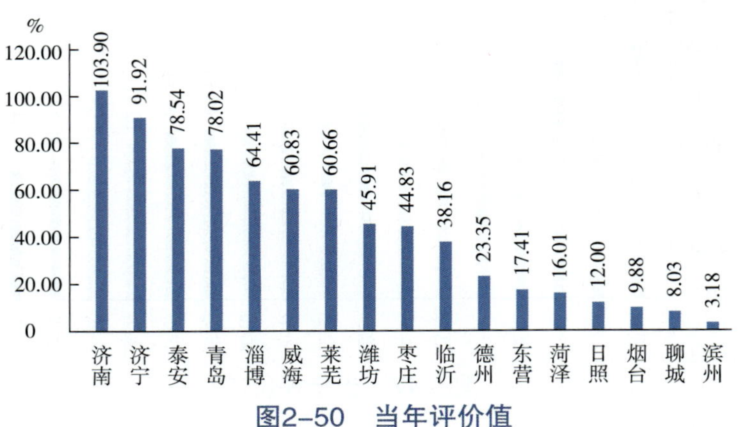

图2-50　当年评价值

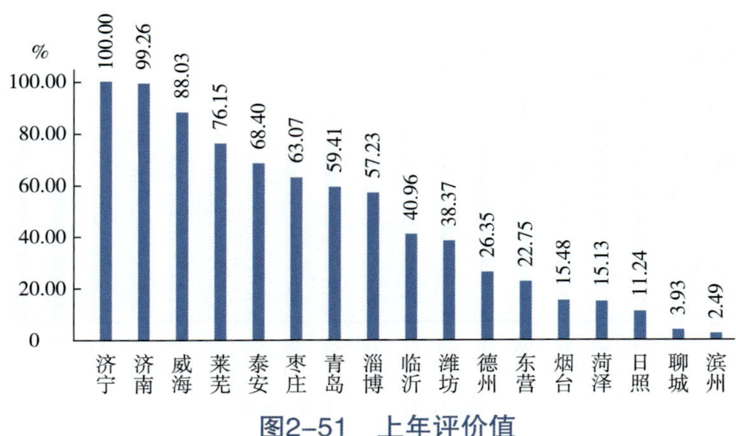

图2-51　上年评价值

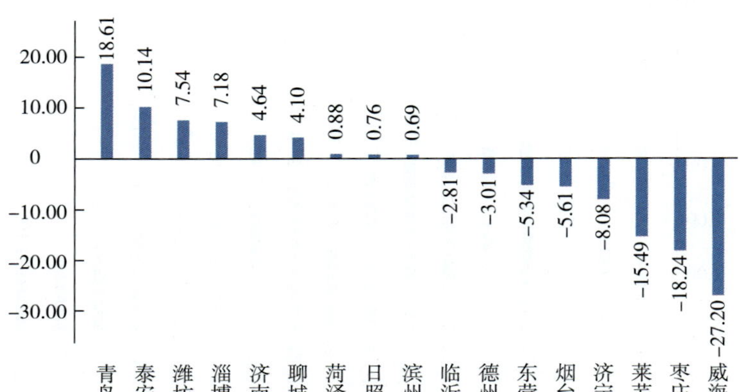

图2-52　当年评价值比上年评价值提高百分点

15. 全员劳动生产率（图 2－53 至图 2－55）

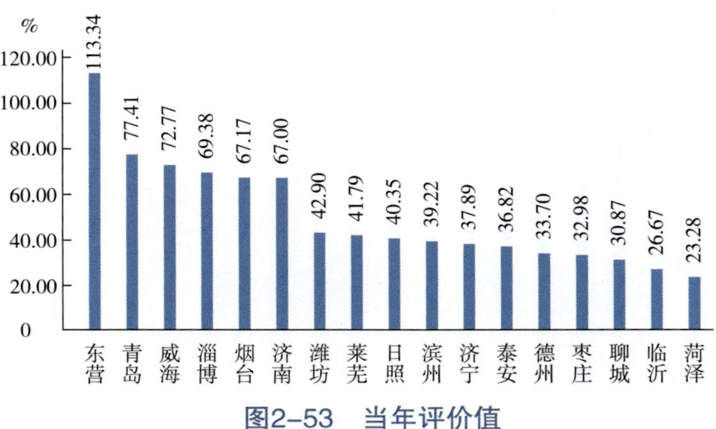

%
120.00
100.00
80.00
60.00
40.00
20.00
0
113.34
77.41
72.77
69.38
67.17
67.00
42.90
41.79
40.35
39.22
37.89
36.82
33.70
32.98
30.87
26.67
23.28
东营
青岛
威海
淄博
烟台
济南
潍坊
莱芜
日照
滨州
济宁
泰安
德州
枣庄
聊城
临沂
菏泽

图2–53　当年评价值

%
100.00
80.00
60.00
40.00
20.00
0
100.00
73.04
69.65
64.51
59.41
59.13
41.74
36.95
36.88
35.30
34.73
33.37
30.99
29.57
27.16
23.94
21.23
东营
青岛
威海
烟台
济南
淄博
潍坊
日照
滨州
德州
泰安
济宁
枣庄
聊城
莱芜
临沂
菏泽

图2–54　上年评价值

15.00
12.00
9.00
6.00
3.00
0
-3.00
14.64
13.34
10.25
7.59
4.52
4.37
3.40
3.12
2.73
2.65
2.35
2.09
2.04
1.99
1.30
1.16
-1.60
莱芜
东营
淄博
济南
济宁
青岛
日照
威海
临沂
烟台
滨州
泰安
菏泽
枣庄
聊城
潍坊
德州

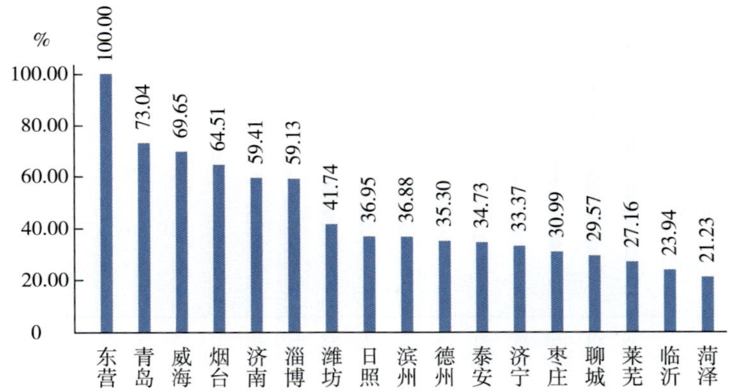

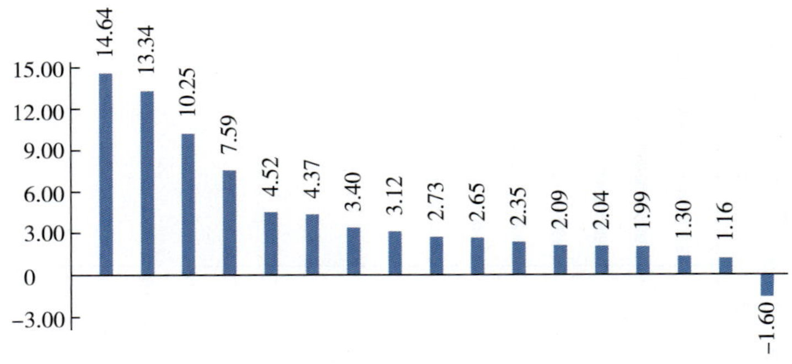

图2–55　当年评价值比上年评价值提高百分点

16. 万元 GDP 综合能耗较上年降低率（图 2 – 56 至图 2 – 58）

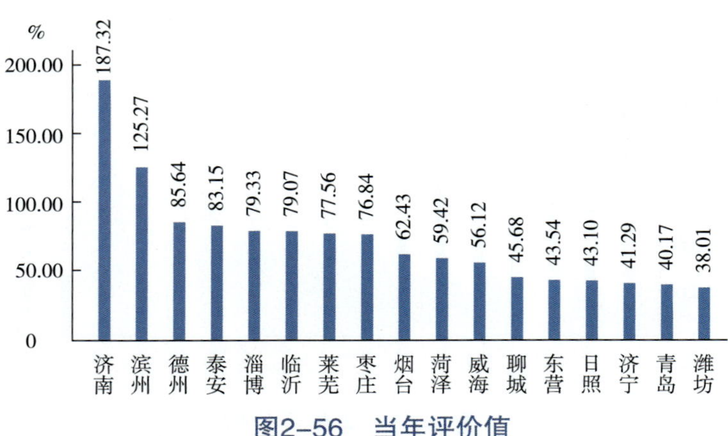

图2–56　当年评价值

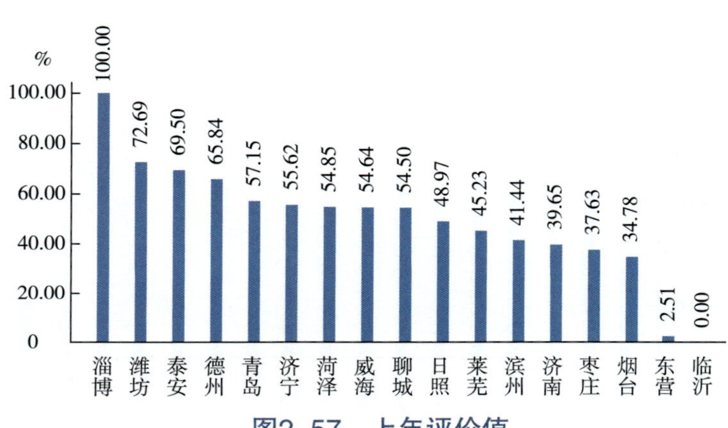

图2–57　上年评价值

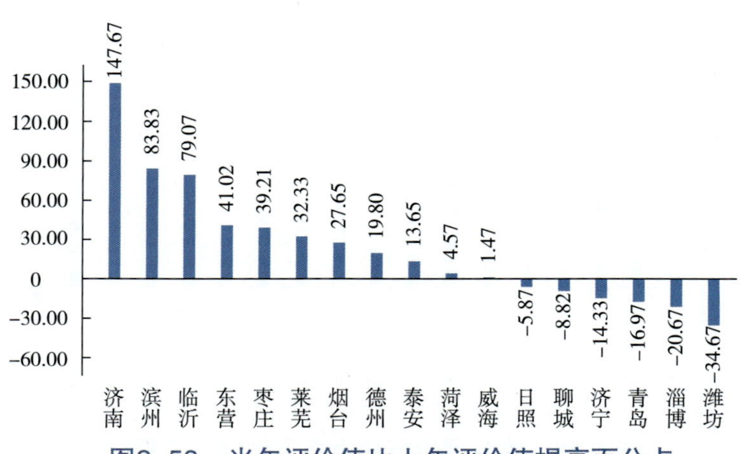

图2–58　当年评价值比上年评价值提高百分点

17. 研发费用加计扣除减免税占企业研发经费的比重（图 2－59 至图 2－61）

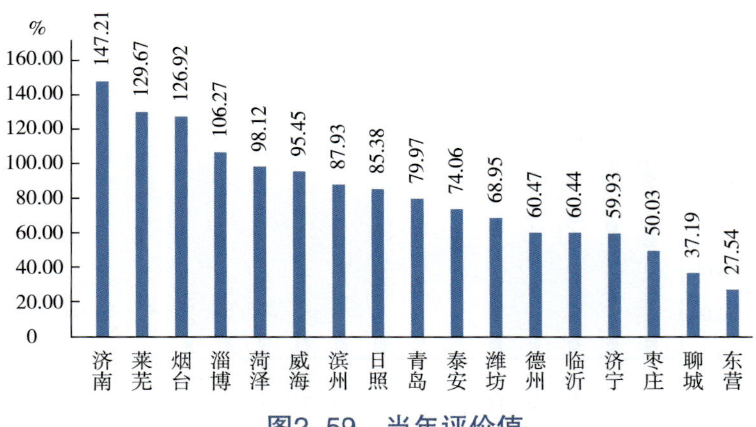

图2–59　当年评价值

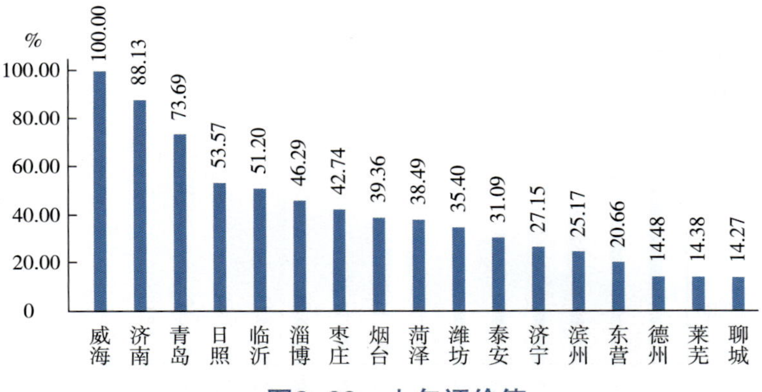

图2–60　上年评价值

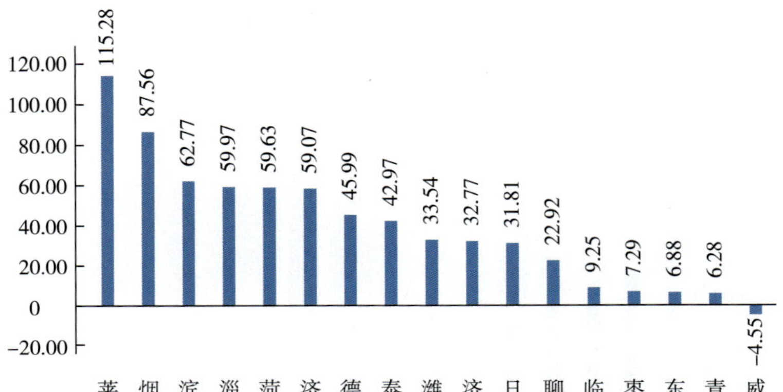

图2–61　当年评价值比上年评价值提高百分点

18. 每万名就业人员累计孵化企业数（图 2－62 至图 2－64）

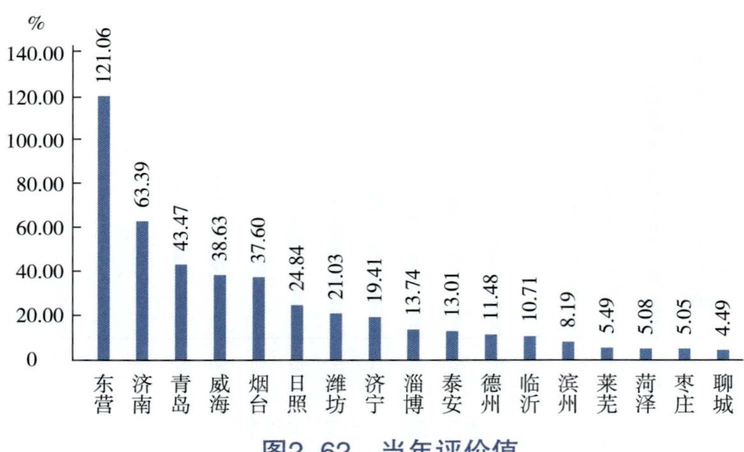

图2–62　当年评价值

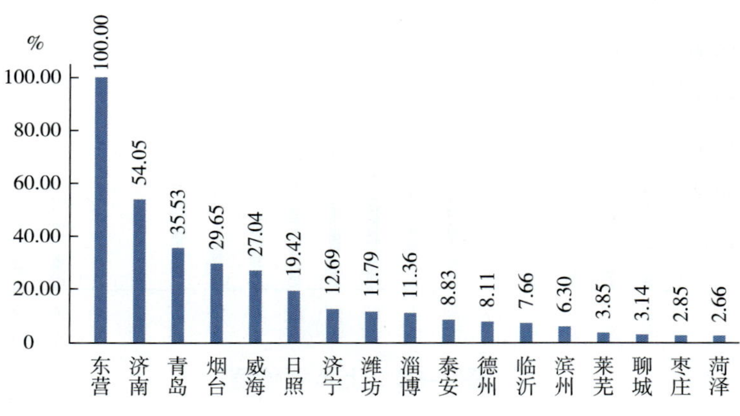

图2–63　上年评价值

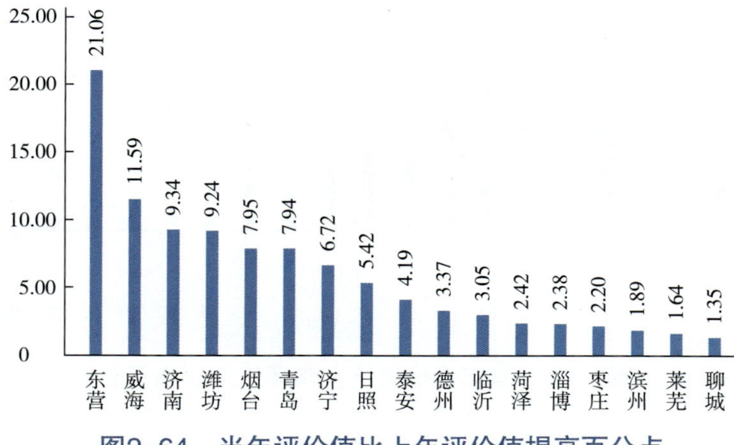

图2–64　当年评价值比上年评价值提高百分点

19. 科学研究和技术服务业平均工资比较系数（图 2－65 至图 2－67）

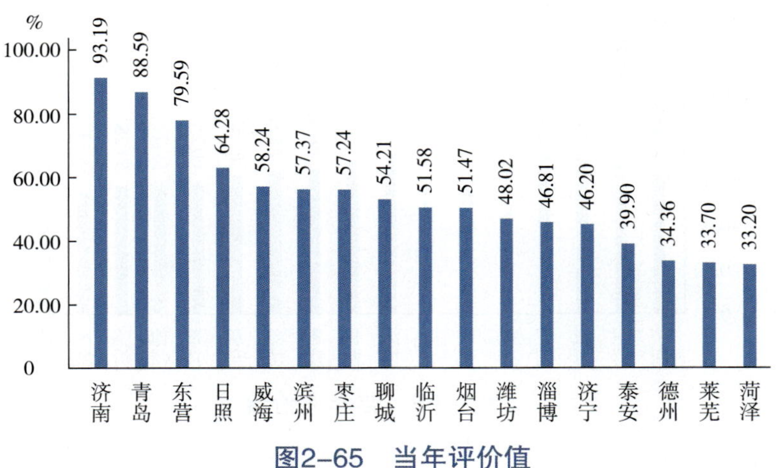

图2–65　当年评价值

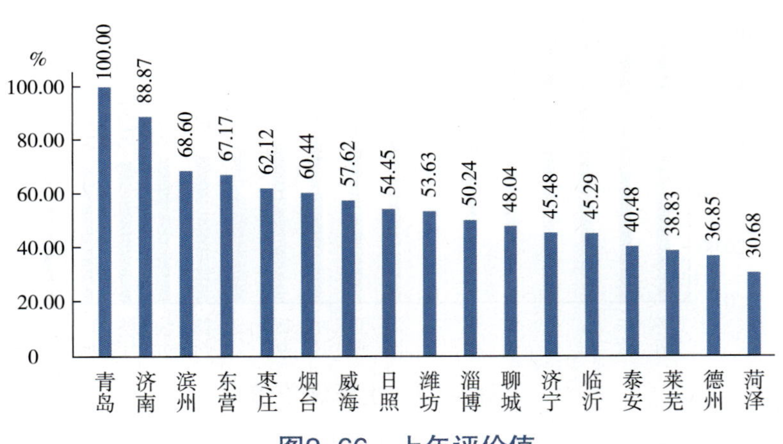

图2–66　上年评价值

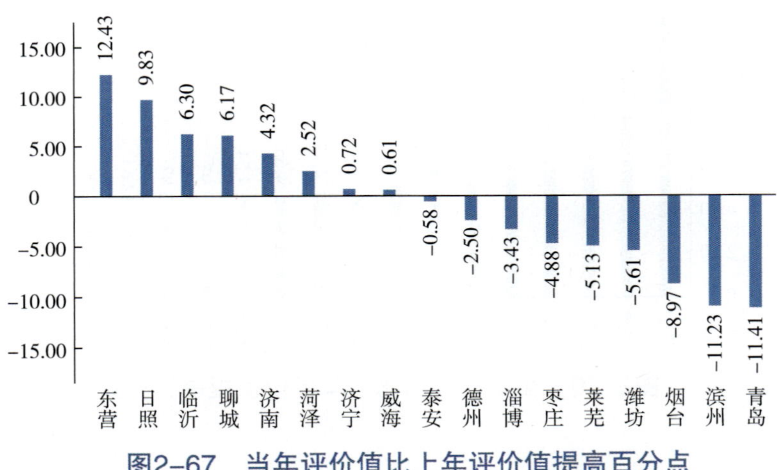

图2–67　当年评价值比上年评价值提高百分点

20. 每万人互联网宽带接入用户数（图 2－68 至图 2－70）

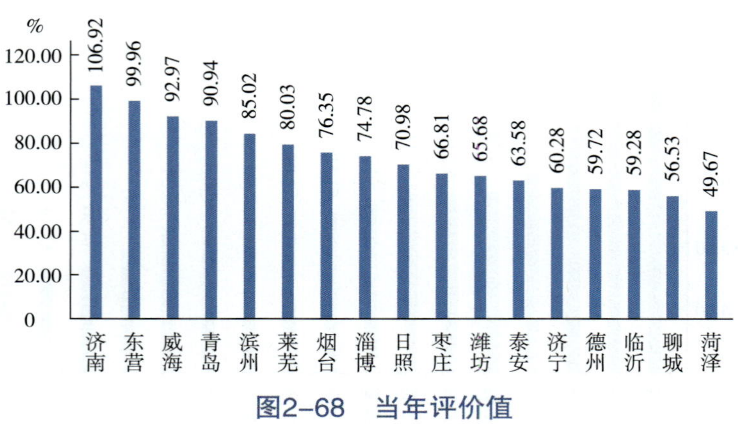

图2–68　当年评价值

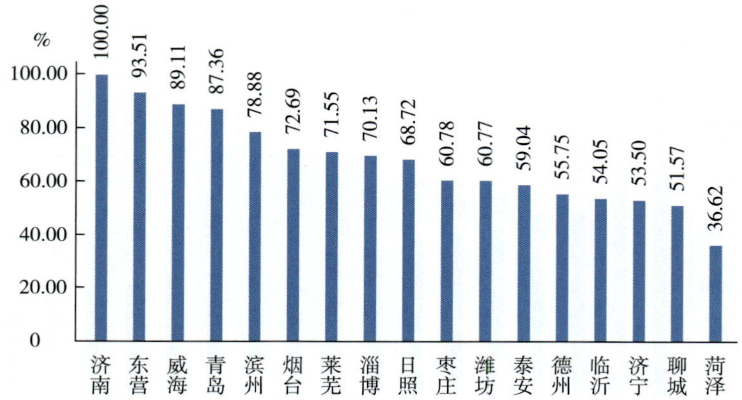

%
100.00
80.00
60.00
40.00
20.00
0
济南 100.00
东营 93.51
威海 89.11
青岛 87.36
滨州 78.88
烟台 72.69
莱芜 71.55
淄博 70.13
日照 68.72
枣庄 60.78
潍坊 60.77
泰安 59.04
德州 55.75
临沂 54.05
济宁 53.50
聊城 51.57
菏泽 36.62

图2–69　上年评价值

图2–70　当年评价值比上年评价值提高百分点

第三部分　区域综合科技创新水平分析

一、济南市

地区生产总值（GDP）7151.63 亿元，居全省第 3 位，比上年增长 8.58%；全员劳动生产率 15.80 万元/人，居全省第 6 位；万元 GDP 综合能耗较上年降低率达 18.62%，居全省第 1 位。

每万名就业人员中研发人员数 110.85 人年，居全省第 1 位；地区 R&D 人员 50 169.7 人年，居全省第 1 位。规模以上工业企业 R&D 人员占规模以上工业企业从业人员比重达到 7.95%，居全省第 1 位。

全社会研发（R&D）经费支出 185.15 亿元，占地区生产总值（GDP）的比重为 2.59%，比上年增长 8.79%，占比居全省第 5 位；地方财政科技支出占公共财政支出的比重为 1.55%，比上年下降 0.05 个百分点，居全省第 10 位；规模以上工业企业 R&D 经费支出占主营业务收入的比重为 1.38%，比上年增长 8.27%，居全省第 5 位。

高新技术企业 1074 家，比上年增加 323 家，总数居全省第 2 位。高新技术产业产值 2661.19 亿元，占规模以上工业总产值比重达 45.15%，比上年提高 1.5 个百分点，居全省第 1 位。

科技创新载体 511 家。其中，省级以上重点实验室 102 家、省级以上工程技术研究中心 291 家、省级以上科技企业孵化器 23 家、省级以上众创空间 85 家、国家级技术转移示范机构 10 家。

万人发明专利拥有量 25.58 件，较上年增加 4.86 件，居全省第 1 位；PCT 国际专利申请量 133 件，较上年增加 36 件，居全省第 3 位。年登记技术合同成交额 85.16 亿元，较上年增长 87.99%，居全省第 2 位。

研发费用加计扣除减免税占企业研发经费的比重达到 4.04%，比上年提高 1.62 个百分点；高新技术企业减免税 109 501 万元，比上年增长 8.77%。互联网宽带接入用户数达到 283.9 万户，居全省第 2 位。

济南市综合科技创新水平指数为 99.50%，居全省第 1 位，比上年提高 17.86 个百分点，增幅居全省第 1 位，各指标发展比较均衡。在一级指标中，创新资源指数、创新产出指数、创新绩效指数、创新环境指数均列全省第 1 位；企业创新指数列全省第 2 位。与上年相比，所有一级指标指数均实现增长，创新绩效指数增长幅度最大，较上年提高了 40.84 个百分点；创新产出指数、创新环境指数分别提高了 18.54 个百分点、19.91 个百分点。从位次变化来看，创新产出指数、创新绩效指数位次均由第 2 位提升至第 1 位，企业创新指数位次由第 1 位下降至第 2 位，创新资源指数、创新环境指数位次 2 年均保持全省首位（图 3－1、表 3－1）。

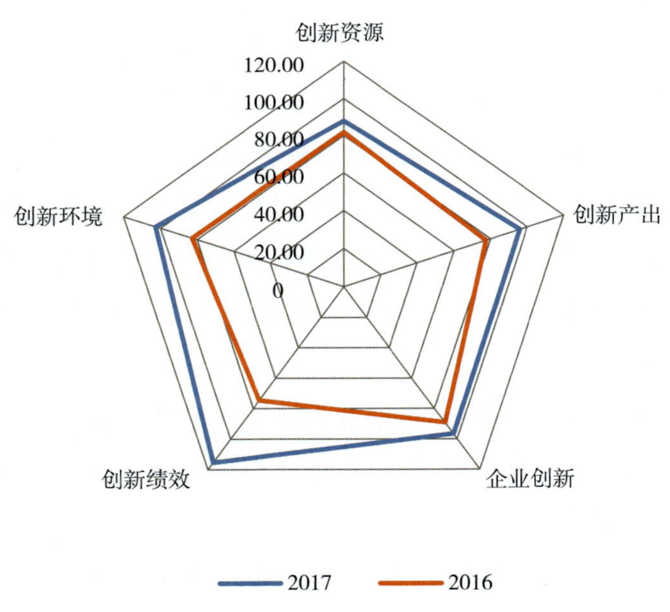

图 3－1　济南市一级评价指标与上年水平比较

表 3－1　济南市各级指标值和位次与上年比较

指标名称	指标值		位次	
	上年	当年	上年	当年
综合科技创新水平指数	81.63	99.50	1	1
创新资源指数	81.74	87.94	1	1
全社会研发（R&D）经费支出占地区生产总值（GDP）的比重（%）	2.38	2.59	8	5
地方财政科技支出占公共财政支出的比重（%）	1.60	1.55	9	10
每万名就业人员中研发人员数（人年）	102.98	110.85	1	1
R&D 人员中博士毕业生所占比重（%）	8.42	9.36	1	1
创新产出指数	77.35	95.89	2	1
每亿元 GDP 年登记技术合同成交额（万元）	68.78	119.08	7	1
每亿元 GDP 发明专利申请数（件）	2.22	1.64	2	2
每万人发明专利拥有量（件）	20.72	25.58	1	1
企业创新指数	89.25	96.69	1	2
规模以上工业企业 R&D 经费支出占主营业务收入的比重（%）	1.28	1.38	4	5
规模以上工业企业 R&D 人员占规模以上工业企业从业人员比重（%）	9.67	7.95	1	1
高新技术企业数量占规模以上工业企业数量比重（%）	38.16	52.29	1	2
有研发机构的规模以上工业企业占规模以上工业企业比重（%）	12.40	12.41	2	4
规模以上工业企业新产品销售收入占主营业务收入比重（%）	17.94	20.69	3	3
创新绩效指数	74.58	115.42	2	1
高新技术产业产值占规模以上工业总产值比重（%）	43.65	45.15	1	1
省级以上高新区规模以上工业主营业务收入占全市规模以上工业主营业务收入比重（%）	31.75	33.23	2	1
全员劳动生产率（万元/人）	14.01	15.80	5	6
万元 GDP 综合能耗较上年降低率（%）	3.94	18.62	13	1
创新环境指数	82.76	102.68	1	1
研发费用加计扣除减免税占企业研发经费的比重（%）	2.42	4.04	2	1
每万名就业人员累计孵化企业数（个）	3.14	3.69	2	2
科学研究和技术服务业平均工资比较系数（%）	155.96	163.54	2	1
每万人互联网宽带接入用户数（万户）	0.36	0.39	1	1

二、青岛市

地区生产总值（GDP）11 024.11 亿元，居全省第 1 位，比上年增长 8.24%；全员劳动生产率 18.25 万元/人，居全省第 2 位；万元 GDP 综合能耗较上年降低率 3.99%，居全省第 16 位。

每万名就业人员中研发人员数 82.72 人年，居全省第 2 位；地区 R&D 人员 49 955.6 人年，居全省第 2 位。规模以上工业企业 R&D 人员占规模以上工业企业从业人员比重达到 6.94%，居全省第 2 位。

全社会研发（R&D）经费支出 307.09 亿元，占地区生产总值（GDP）的比重为 2.79%，比上年下降 0.93%，占比居全省第 1 位；地方财政科技支出占公共财政支出的比重为 2.75%，比上年提高 0.97 个百分点，居全省第 5 位；规模以上工业企业 R&D 经费支出占主营业务收入的比重达 2.00%，比上年增长 33.98%，居全省第 1 位。

高新技术企业 2053 家，比上年增加 705 家，总数居全省第 1 位。高新技术产业产值 7531.37 亿元，占规模以上工业总产值比重达 42.51%，比上年提高 0.79 个百分点，居全省第 2 位。

科技创新载体 226 家。其中，省级以上重点实验室 46 家、省级以上工程技术研究中心 64 家、省级以上科技企业孵化器 19 家、省级以上众创空间 84 家、国家级技术转移示范机构 13 家。

万人发明专利拥有量 23.97 件，较上年增加 3.76 件，居全省第 2 位；PCT 国际专利申请量 762 件，较上年减少 149 件，居全省第 1 位。年登记技术合同成交额 126.66 亿元，较上年增长 21.65%，居全省第 1 位。

研发费用加计扣除减免税占企业研发经费的比重达到 2.19%，比上年提高 0.17 个百分点。高新技术企业减免税额达到 225 533 万元，比上年增长 12.13%。互联网宽带接入用户数达到 306.4 万户，居全省第 1 位。

青岛市综合科技创新水平指数为 88.71%，居全省第 2 位，比上年提高

9. 05 个百分点，增幅列第 6 位，各指标发展比较均衡。一级指标中，企业创新指数列全省第 1 位；创新资源指数、创新产出指数、创新绩效指数均列全省第 2 位；创新环境指数列全省第 3 位。与上年相比，在一级指标中，提升幅度最大的是企业创新指数，提高了 29. 75 个百分点，位次由第 2 位上升至第 1 位；创新资源指数、创新绩效指数、创新环境指数略有增长，创新产出指数有所下降。从位次变化来看，创新绩效指数位次由上年的第 4 位上升至第 2 位。创新产出指数位次由第 1 位下降至第 2 位，创新环境指数位次由第 2 位下降至第 3 位。创新资源指数位次与上年持平（图 3－2、表 3－2）。

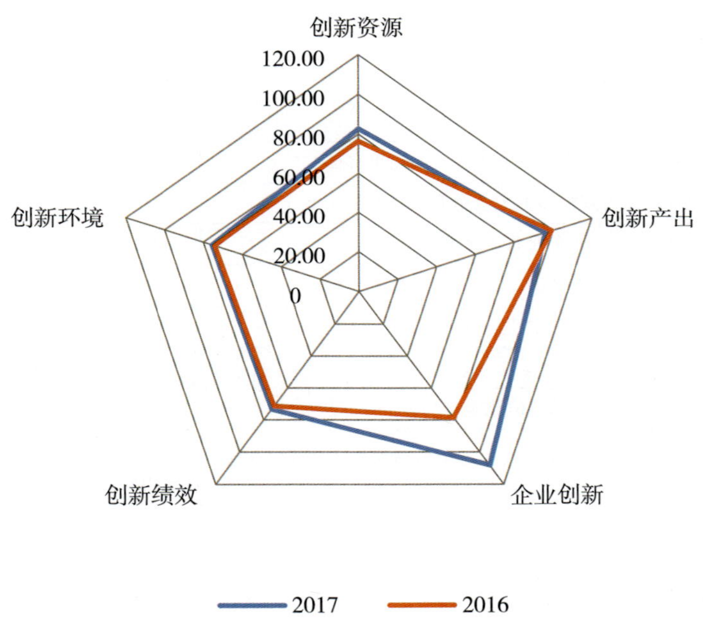

图 3－2　青岛市一级评价指标与上年水平比较

表 3-2　青岛市各级指标值和位次与上年比较

指标名称	指标值		位次	
	上年	当年	上年	当年
综合科技创新水平指数	79.66	88.71	2	2
创新资源指数	76.31	82.69	2	2
全社会研发（R&D）经费支出占地区生产总值（GDP）的比重（%）	2.81	2.79	1	1
地方财政科技支出占公共财政支出的比重（%）	1.78	2.75	8	5
每万名就业人员中研发人员数（人年）	89.89	82.72	2	2
R&D 人员中博士毕业生所占比重（%）	5.96	6.62	2	2
创新产出指数	99.18	95.83	1	2
每亿元 GDP 年登记技术合同成交额（万元）	102.23	114.89	1	2
每亿元 GDP 发明专利申请数（件）	3.43	2.04	1	1
每万人发明专利拥有量（件）	20.21	23.97	2	2
企业创新指数	78.55	108.30	2	1
规模以上工业企业 R&D 经费支出占主营业务收入的比重（%）	1.49	2.00	1	1
规模以上工业企业 R&D 人员占规模以上工业企业从业人员比重（%）	5.97	6.94	2	2
高新技术企业数量占规模以上工业企业数量比重（%）	30.42	57.52	2	1
有研发机构的规模以上工业企业占规模以上工业企业比重（%）	11.74	12.50	3	3
规模以上工业企业新产品销售收入占主营业务收入比重（%）	16.81	23.99	4	2
创新绩效指数	71.29	73.25	4	2
高新技术产业产值占规模以上工业总产值比重（%）	41.72	42.51	3	2
省级以上高新区规模以上工业主营业务收入占全市规模以上工业主营业务收入比重（%）	19.00	24.95	7	4
全员劳动生产率（万元/人）	17.22	18.25	2	2
万元 GDP 综合能耗较上年降低率（%）	5.68	3.99	5	16
创新环境指数	74.14	75.74	2	3
研发费用加计扣除减免税占企业研发经费的比重（%）	2.02	2.19	3	9
每万名就业人员累计孵化企业数（个）	2.07	2.53	3	3
科学研究和技术服务业平均工资比较系数（%）	175.48	155.46	1	2
每万人互联网宽带接入用户数（万户）	0.32	0.33	4	4

三、 淄博市

地区生产总值（GDP）4771.36亿元，居全省第5位，比上年增长6.66%；全员劳动生产率16.36万元/人，居全省第4位；万元GDP综合能耗较上年降低率达7.88%，居全省第5位。

每万名就业人员中研发人员数80.95人年，居全省第3位；地区R&D人员23 605人年，居全省第4位。规模以上工业企业R&D人员占规模以上工业企业从业人员比重为6.13%，居全省第3位。

全社会研发（R&D）经费支出117.49亿元，占地区生产总值（GDP）的比重为2.46%，比上年增长13.74%，占比居全省第10位；地方财政科技支出占公共财政支出的比重为2.19%，比上年下降0.33个百分点，居全省第7位；规模以上工业企业R&D经费支出占主营业务收入的比重为1.04%，比上年增长35.10%，居全省第10位。

高新技术企业282家，比上年增加46家，总数居全省第7位。高新技术产业产值3953.81亿元，占规模以上工业总产值比重达34.48%，比上年提高1.34个百分点，居全省第6位。

科技创新载体145家。其中，省级以上重点实验室10家、省级以上工程技术研究中心120家、省级以上科技企业孵化器5家、省级以上众创空间10家。

万人发明专利拥有量10.74件，较上年增加1.36件，居全省第3位；PCT国际专利申请量90件，较上年增加1件，居全省第4位。年登记技术合同成交额39亿元，较上年增长21.38%，居全省第5位。

研发费用加计扣除减免税占企业研发经费的比重达到2.92%，比上年提高1.65个百分点；高新技术企业减免税额达52 646万元，比上年增长103.44%。互联网宽带接入用户数达到127.7万户，居全省第9位。

淄博市综合科技创新水平指数为65.77%，居全省第3位，比上年提高

10.28个百分点，增幅列第2位。各指标发展较均衡。在一级指标中，创新产出指数、企业创新指数、创新绩效指数均列全省第3位；创新资源指数、创新环境指数分别居全省第6、第8位。与上年相比，在一级指标中，企业创新指数提升幅度较大，指数提高了22.32个百分点，创新环境指数有较大提升，提高了15.89个百分点。从位次变化来看，企业创新指数位次提升最快，由上年的第9位上升至第3位；创新产出指数位次由上年的第4位上升至第3位；创新资源指数、创新绩效指数、创新环境指数位次与上年持平（图3－3、表3－3）。

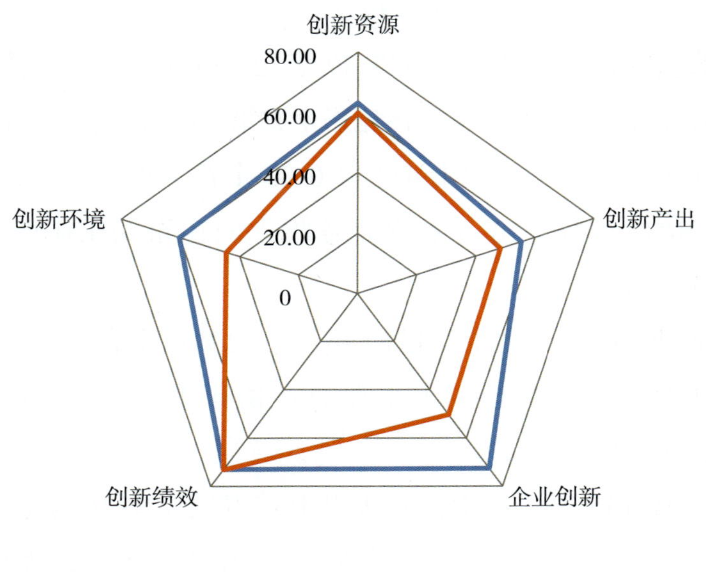

图3－3　淄博市一级评价指标与上年水平比较

表 3－3　淄博市各级指标值和位次与上年比较

指标名称	指标值		位次	
	上年	当年	上年	当年
综合科技创新水平指数	55.49	65.77	4	3
创新资源指数	59.77	63.08	6	6
全社会研发（R&D）经费支出占地区生产总值（GDP）的比重（%）	2.16	2.46	10	10
地方财政科技支出占公共财政支出的比重（%）	2.52	2.19	4	7
每万名就业人员中研发人员数（人年）	72.01	80.95	4	3
R&D 人员中博士毕业生所占比重（%）	2.16	2.38	11	11
创新产出指数	48.30	55.45	4	3
每亿元 GDP 年登记技术合同成交额（万元）	71.82	81.74	5	6
每亿元 GDP 发明专利申请数（件）	1.01	1.19	5	3
每万人发明专利拥有量（件）	9.38	10.74	3	3
企业创新指数	50.40	72.72	9	3
规模以上工业企业 R&D 经费支出占主营业务收入的比重（%）	0.77	1.04	11	10
规模以上工业企业 R&D 人员占规模以上工业企业从业人员比重（%）	4.88	6.13	6	3
高新技术企业数量占规模以上工业企业数量比重（%）	7.93	10.75	10	10
有研发机构的规模以上工业企业占规模以上工业企业比重（%）	13.78	21.99	1	1
规模以上工业企业新产品销售收入占主营业务收入比重（%）	7.38	10.83	12	9
创新绩效指数	73.07	73.03	3	3
高新技术产业产值占规模以上工业总产值比重（%）	33.14	34.48	6	6
省级以上高新区规模以上工业主营业务收入占全市规模以上工业主营业务收入比重（%）	18.31	20.60	8	5
全员劳动生产率（万元/人）	13.94	16.36	6	4
万元 GDP 综合能耗较上年降低率（%）	9.94	7.88	1	5
创新环境指数	44.51	60.40	8	8
研发费用加计扣除减免税占企业研发经费的比重（%）	1.27	2.92	6	4
每万名就业人员累计孵化企业数（个）	0.66	0.80	9	9
科学研究和技术服务业平均工资比较系数（%）	88.16	82.14	10	12
每万人互联网宽带接入用户数（万户）	0.25	0.27	8	8

四、 枣庄市

地区生产总值（GDP）2303.67 亿元，居全省第 15 位，比上年增长 6.68%；全员劳动生产率 7.78 万元/人，居全省第 14 位；万元 GDP 综合能耗较上年降低率为 7.64%，居全省第 8 位。

每万名就业人员中研发人员数 25.64 人年，居全省第 12 位；地区 R&D 人员 7595.3 人年，居全省第 13 位。规模以上工业企业 R&D 人员占规模以上工业企业从业人员比重为 3.07%，居全省第 15 位。

全社会研发（R&D）经费支出 39.65 亿元，占地区生产总值（GDP）的比重为 1.72%，比上年增长 5.89%，占比居全省第 14 位；地方财政科技支出占公共财政支出的比重为 0.86%，比上年提高 0.19 个百分点，列全省第 14 位；规模以上工业企业 R&D 经费支出占主营业务收入的比重为 1.00%，比上年增长 13.78%，居全省第 11 位。

高新技术企业 111 家，比上年增加 12 家，总数居全省第 12 位。高新技术产业产值 909.37 亿元，占规模以上工业总产值比重为 24.92%，比上年提高 2.3 个百分点，居全省第 15 位。

科技创新载体 29 家。其中，省级以上重点实验室 1 家、省级以上工程技术研究中心 17 家、省级以上科技企业孵化器 5 家、省级以上众创空间 5 家，国家级技术转移示范机构 1 家。

万人发明专利拥有量 2.53 件，较上年增加 0.50 件，居全省第 15 位；PCT 国际专利申请量 5 件，较上年增加 2 件，居全省第 11 位。年登记技术合同成交额 13.8 亿元，较上年增长 23.66%，居全省第 11 位。

研发费用加计扣除减免税占企业研发经费的比重达到 1.37%，比上年提高 0.20 个百分点；高新技术企业减免税额达 4835 万元，比上年增加 2779 万元。互联网宽带接入用户数达到 95 万户，居全省第 14 位。

枣庄市综合科技创新水平指数为 41.02%，居全省第 13 位，比上年提高

4.81 个百分点，增幅列第 11 位。各指标发展不均衡，创新产出、创新资源较弱。在一级指标中，创新产出指数、创新绩效指数、企业创新指数、创新环境指数、创新资源指数分列全省第 10、第 12、第 13、第 15 和第 16 位。与上年相比，各指标指数略有增长，幅度不大；创新绩效指数增长幅度最大，指数增长 7.06 个百分点。从位次变化来看，创新环境指数位次下降 6 位，由上年的第 9 位下降至第 15 位，其他指标指数位次与上年持平（图 3－4、表 3－4）。

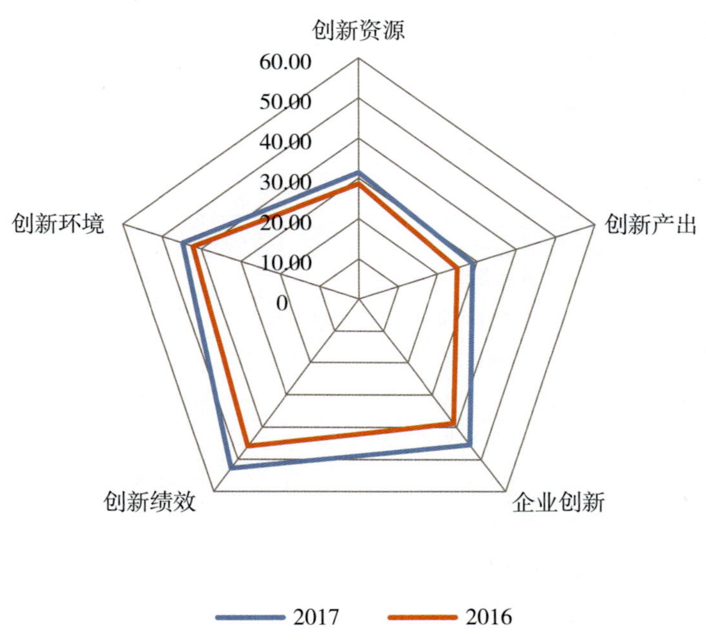

图 3－4　枣庄市一级评价指标与上年水平比较

表 3－4　枣庄市各级指标值和位次与上年比较

指标名称	指标值		位次	
	上年	当年	上年	当年
综合科技创新水平指数	36. 20	41. 02	13	13
创新资源指数	28. 57	31. 43	16	16
全社会研发（R&D）经费支出占地区生产总值（GDP）的比重（%）	1. 63	1. 72	14	14
地方财政科技支出占公共财政支出的比重（%）	0. 68	0. 86	16	14
每万名就业人员中研发人员数（人年）	22. 19	25. 64	13	12
R&D 人员中博士毕业生所占比重（%）	1. 44	1. 41	15	16
创新产出指数	24. 98	28. 82	10	10
每亿元 GDP 年登记技术合同成交额（万元）	51. 68	59. 90	9	8
每亿元 GDP 发明专利申请数（件）	0. 50	0. 54	12	8
每万人发明专利拥有量（件）	2. 03	2. 53	15	15
企业创新指数	38. 76	45. 36	13	13
规模以上工业企业 R&D 经费支出占主营业务收入的比重（%）	0. 88	1. 00	10	11
规模以上工业企业 R&D 人员占规模以上工业企业从业人员比重（%）	2. 14	3. 07	17	15
高新技术企业数量占规模以上工业企业数量比重（%）	7. 26	8. 78	11	12
有研发机构的规模以上工业企业占规模以上工业企业比重（%）	11. 52	12. 34	4	5
规模以上工业企业新产品销售收入占主营业务收入比重（%）	2. 61	3. 94	17	16
创新绩效指数	45. 88	52. 94	12	12
高新技术产业产值占规模以上工业总产值比重（%）	22. 62	24. 92	16	15
省级以上高新区规模以上工业主营业务收入占全市规模以上工业主营业务收入比重（%）	20. 17	14. 34	6	9
全员劳动生产率（万元/人）	7. 31	7. 78	13	14
万元 GDP 综合能耗较上年降低率（%）	3. 74	7. 64	14	8
创新环境指数	42. 12	44. 78	9	15
研发费用加计扣除减免税占企业研发经费的比重（%）	1. 17	1. 37	7	15
每万名就业人员累计孵化企业数（个）	0. 17	0. 29	16	16
科学研究和技术服务业平均工资比较系数（%）	109. 02	100. 45	5	7
每万人互联网宽带接入用户数（万户）	0. 22	0. 24	10	10

五、 东营市

地区生产总值（GDP）3814.35 亿元，居全省第 8 位，比上年增长 7.04%；全员劳动生产率 26.73 万元/人，居全省第 1 位；万元 GDP 综合能耗较上年降低率为 4.33%，居全省第 13 位。

每万名就业人员中研发人员数 74.34 人年，居全省第 4 位；地区 R&D 人员 10 607.7 人年，居全省第 11 位。规模以上工业企业 R&D 人员占规模以上工业企业从业人员比重为 4.29%，居全省第 10 位。

全社会研发（R&D）经费支出 100.84 亿元，占地区生产总值（GDP）的比重为 2.64%，比上年增长 2.72%，占比居全省第 2 位；地方财政科技支出占公共财政支出的比重为 2.32%，比上年提高 1.21 个百分点，居全省第 6 位；规模以上工业企业 R&D 经费支出占主营业务收入的比重为 0.76%，比上年增长 14.79%，居全省第 15 位。

高新技术企业 149 家，比上年增加 38 家，总数居全省第 10 位。高新技术产业产值 4705.02 亿元，占规模以上工业总产值比重为 36.18%，比上年提高 0.71 个百分点，居全省第 5 位。

科技创新载体 61 家。其中，省级以上重点实验室 5 家、省级以上工程技术研究中心 36 家、省级以上科技企业孵化器 8 家、省级以上众创空间 10 家，国家级技术转移示范机构 2 家。

万人发明专利拥有量 7.45 件，较上年增加 1.26 件，居全省第 7 位；PCT 国际专利申请量 14 件，较上年增加 8 件，居全省第 8 位。年登记技术合同成交额 22.55 亿元，较上年增长 38.00%，居全省第 7 位。

研发费用加计扣除减免税占企业研发经费的比重达到 0.76%，比上年提高 0.19 个百分点；高新技术企业减免税额达 12 171 万元，比上年增长了 5 倍多。互联网宽带接入用户数达到 78.1 万户，居全省第 15 位。

东营市综合科技创新水平指数为 58.85%，居全省第 6 位，比上年上升 1

位，指数较上年提高 9.39 个百分点，增幅排在第 5 位。各指标发展不均衡，创新产出、企业创新较弱。与上年相比，各一级指标指数均呈现增长。增幅最大的是创新绩效指数，增长了 12.66 个百分点，创新环境指数、创新资源指数分别增长了 11.71 个百分点、11.01 个百分点。从位次变化来看，创新绩效指数较上年上升 3 位，由第 9 位上升至第 6 位；创新环境指数、创新资源指数位次均上升了 1 位。创新产出指数、企业创新指数位次与上年持平（图 3－5、表 3－5）。

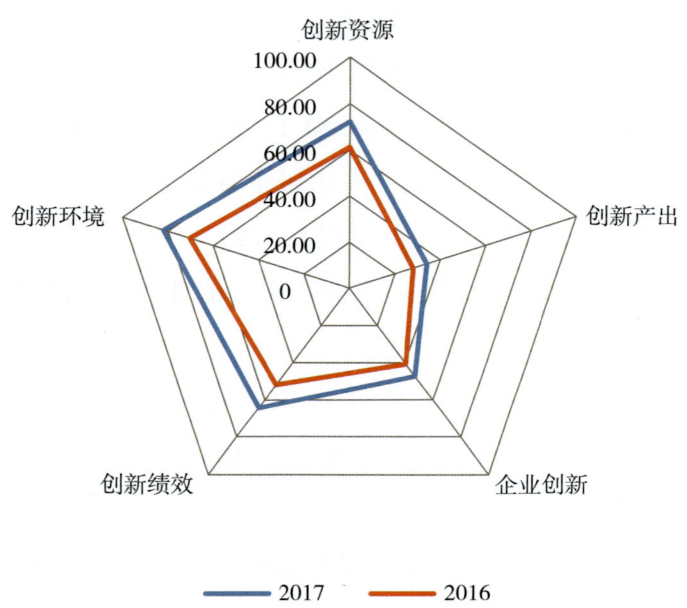

图 3－5　东营市一级评价指标与上年水平比较

表 3 -5　东营市各级指标值和位次与上年比较

指标名称	指标值		位次	
	上年	当年	上年	当年
综合科技创新水平指数	49.46	58.85	7	6
创新资源指数	61. 24	72. 25	5	4
全社会研发（R&D）经费支出占地区生产总值（GDP）的比重（%）	2. 57	2. 64	3	2
地方财政科技支出占公共财政支出的比重（%）	1. 11	2. 32	13	6
每万名就业人员中研发人员数（人年）	61. 89	74. 34	5	4
R&D 人员中博士毕业生所占比重（%）	5. 40	5. 18	3	3
创新产出指数	28. 25	34. 14	8	8
每亿元 GDP 年登记技术合同成交额（万元）	45. 86	59. 12	10	9
每亿元 GDP 发明专利申请数（件）	0. 34	0. 30	17	17
每万人发明专利拥有量（件）	6. 19	7. 45	7	7
企业创新指数	40. 56	47. 18	12	12
规模以上工业企业 R&D 经费支出占主营业务收入的比重（%）	0. 66	0. 76	15	15
规模以上工业企业 R&D 人员占规模以上工业企业从业人员比重（%）	3. 41	4. 29	12	10
高新技术企业数量占规模以上工业企业数量比重（%）	11. 64	15. 10	6	6
有研发机构的规模以上工业企业占规模以上工业企业比重（%）	8. 18	8. 31	7	11
规模以上工业企业新产品销售收入占主营业务收入比重（%）	8. 50	10. 38	9	10
创新绩效指数	51. 63	64. 29	9	6
高新技术产业产值占规模以上工业总产值比重（%）	35. 47	36. 18	5	5
省级以上高新区规模以上工业主营业务收入占全市规模以上工业主营业务收入比重（%）	7. 28	5. 57	12	12
全员劳动生产率（万元/人）	23. 58	26. 73	1	1
万元 GDP 综合能耗较上年降低率（%）	0. 25	4. 33	16	13
创新环境指数	70. 33	82. 04	3	2
研发费用加计扣除减免税占企业研发经费的比重（%）	0. 57	0. 76	14	17
每万名就业人员累计孵化企业数（个）	5. 82	7. 04	1	1
科学研究和技术服务业平均工资比较系数（%）	117. 87	139. 68	4	3
每万人互联网宽带接入用户数（万户）	0. 34	0. 36	2	2

六、 烟台市

地区生产总值（GDP）7343.53亿元，居全省第2位，比上年增长4.20%；全员劳动生产率15.84万元/人，居全省第5位；万元GDP综合能耗较上年降低率为6.20%，居全省第9位。

每万名就业人员中研发人员数65.45人年，居全省第6位；地区R&D人员30 343.8人年，居全省第3位。规模以上工业企业R&D人员占规模以上工业企业从业人员比重为5.26%，居全省第7位。

全社会研发（R&D）经费支出189.60亿元，占地区生产总值（GDP）的比重为2.58%，比上年增长1.73%，占比居全省第6位；地方财政科技支出占公共财政支出的比重为3.44%，基本与上年持平，居全省第2位；规模以上工业企业R&D经费支出占主营业务收入的比重为1.32%，比上年增长23.05%，居全省第6位。

高新技术企业453家，比上年增加83家，总数居全省第4位。高新技术产业产值6314.69亿元，占规模以上工业总产值比重为42.49%，比上年提高0.62个百分点，居全省第3位。

科技创新载体147家。其中，省级以上重点实验室22家、省级以上工程技术研究中心92家、省级以上科技企业孵化器20家、省级以上众创空间13家。

万人发明专利拥有量7.92件，较上年增加1.12件，居全省第6位；PCT国际专利申请量42件，较上年增加2件，居全省第5位。年登记技术合同成交额61.05亿元，较上年增长23.41%，居全省第3位。

研发费用加计扣除减免税占企业研发经费的比重达到3.48%，比上年提高2.40个百分点；高新技术企业减免税额达183 591万元，比上年增长了1.5倍。互联网宽带接入用户数达到196.3万户，居全省第5位。

烟台市综合科技创新水平指数为63.23%，居全省第5位，比上年提高

9.46 个百分点，增幅排在第 4 位。各指标发展相对均衡，创新产出相对较弱。与上年相比，在一级指标中，各指标指数均较上年有所提高，其中创新环境指数提高最快，提高了 22.55 个百分点；其次是企业创新指数提高了 13.23 个百分点。从位次变化来看，创新绩效指数位次与上年持平，创新资源指数由上年第 3 位下降至第 5 位，其他指标指数位次均有上升。企业创新指数由上年的第 6 位上升至第 4 位；创新产出指数由上年的第 7 位上升至第 6 位；创新环境指数由上年的第 5 位上升至第 4 位（图 3－6、表 3－6）。

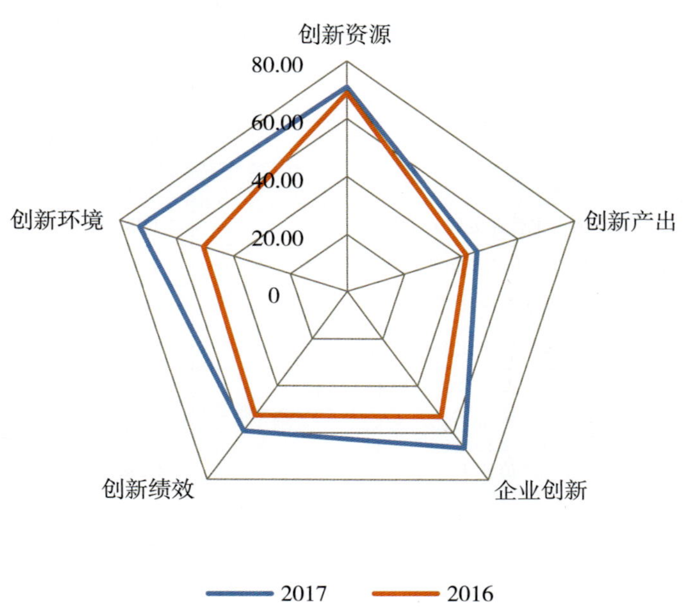

图 3－6　烟台市一级评价指标与上年水平比较

表 3－6　烟台市各级指标值和位次与上年比较

指标名称	指标值		位次	
	上年	当年	上年	当年
综合科技创新水平指数	53.77	63.23	5	5
创新资源指数	69.00	71.07	3	5
全社会研发（R&D）经费支出占地区生产总值（GDP）的比重（%）	2.54	2.58	5	6
地方财政科技支出占公共财政支出的比重（%）	3.43	3.44	2	2
每万名就业人员中研发人员数（人年）	60.99	65.45	6	6
R&D 人员中博士毕业生所占比重（%）	3.01	3.20	8	7
创新产出指数	41.79	45.63	7	6
每亿元 GDP 年登记技术合同成交额（万元）	70.20	83.13	6	5
每亿元 GDP 发明专利申请数（件）	0.82	0.60	6	6
每万人发明专利拥有量（件）	6.80	7.92	5	6
企业创新指数	53.17	66.41	6	4
规模以上工业企业 R&D 经费支出占主营业务收入的比重（%）	1.08	1.32	7	6
规模以上工业企业 R&D 人员占规模以上工业企业从业人员比重（%）	4.35	5.26	9	7
高新技术企业数量占规模以上工业企业数量比重（%）	14.37	19.06	3	3
有研发机构的规模以上工业企业占规模以上工业企业比重（%）	7.22	10.69	10	7
规模以上工业企业新产品销售收入占主营业务收入比重（%）	14.93	15.60	5	5
创新绩效指数	52.68	59.20	8	8
高新技术产业产值占规模以上工业总产值比重（%）	41.87	42.49	2	3
省级以上高新区规模以上工业主营业务收入占全市规模以上工业主营业务收入比重（%）	4.95	3.16	13	15
全员劳动生产率（万元/人）	15.21	15.84	4	5
万元 GDP 综合能耗较上年降低率（%）	3.46	6.20	15	9
创新环境指数	50.54	73.09	5	4
研发费用加计扣除减免税占企业研发经费的比重（%）	1.08	3.48	8	3
每万名就业人员累计孵化企业数（个）	1.72	2.19	4	5
科学研究和技术服务业平均工资比较系数（%）	106.07	90.33	6	10
每万人互联网宽带接入用户数（万户）	0.26	0.28	6	7

七、 潍坊市

地区生产总值（GDP）5854.93亿元，居全省第4位，比上年增长3.80%；全员劳动生产率10.12万元/人，居全省第7位；万元GDP综合能耗较上年降低率为3.78%，居全省第17位。

每万名就业人员中研发人员数38.73人年，居全省第10位；地区R&D人员22 415.4人年，居全省第5位。规模以上工业企业R&D人员占规模以上工业企业从业人员比重为4.64%，居全省第9位。

全社会研发（R&D）经费支出153.25亿元，占地区生产总值（GDP）的比重为2.62%，比上年增长2.43%，占比居全省第4位；地方财政科技支出占公共财政支出的比重为2.90%，比上年提高0.30个百分点，居全省第4位；规模以上工业企业R&D经费支出占主营业务收入的比重为1.28%，比上年增长20.30%，居全省第7位。

高新技术企业542家，比上年增加74家，总数居全省第3位。高新技术产业产值4165.05亿元，占规模以上工业总产值比重为34.35%，比上年提高1.22个百分点，居全省第7位。

科技创新载体181家。其中，省级以上重点实验室15家、省级以上工程技术研究中心109家、省级以上科技企业孵化器27家、省级以上众创空间29家、国家级技术转移示范机构1家。

万人发明专利拥有量5.54件，较上年增加0.92件，居全省第8位；PCT国际专利申请量215件，较上年增加67件，居全省第2位。年登记技术合同成交额50.57亿元，较上年增长8.73%，居全省第4位。

研发费用加计扣除减免税占企业研发经费的比重达到1.89%，比上年提高0.92个百分点；高新技术企业减免税额达到132 080万元，比上年增长134.44%。互联网宽带接入用户数达到223.0万户，居全省第4位。

潍坊市综合科技创新水平指数为52.78%，居全省第8位，比上年提高

1.76 个百分点，增幅排在第 17 位。各指标发展较均衡，但创新绩效指数全省排名较落后。与上年相比，在一级指标中，创新资源指数提升幅度最大，提高了 10.52 个百分点；企业创新指数、创新资源指数均较上年略有提高；创新绩效指数较上年下降了 5.79 个百分点，创新产出指数下降了 0.66 个百分点。从位次变化来看，创新资源指数、创新产出指数、创新环境指数与上年持平，企业创新指数由上年的第 7 位下降至第 10 位；创新绩效指数由上年的第 7 位下降至第 14 位，位次变化较大（图 3 –7、表 3 –7）。

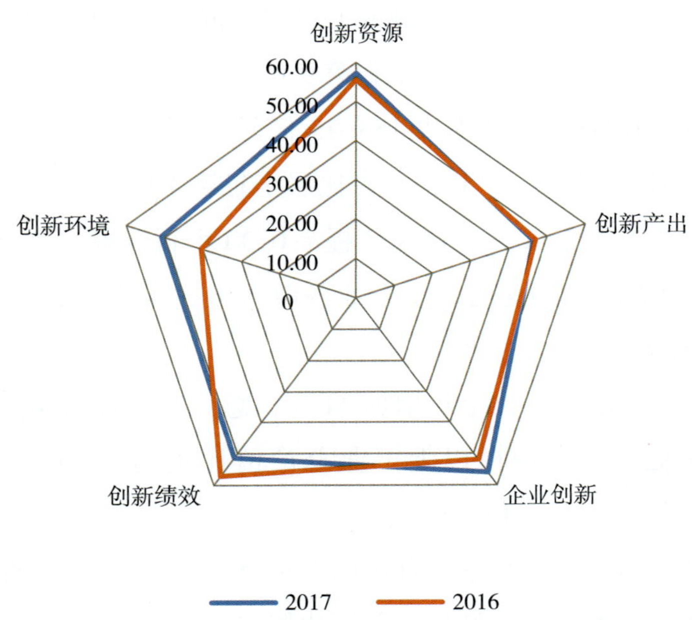

图 3 –7　潍坊市一级评价指标与上年水平比较

表 3-7 潍坊市各级指标值和位次与上年比较

指标名称	指标值		位次	
	上年	当年	上年	当年
综合科技创新水平指数	51.02	52.78	6	8
创新资源指数	55.63	57.31	7	7
全社会研发（R&D）经费支出占地区生产总值（GDP）的比重（%）	2.56	2.62	4	4
地方财政科技支出占公共财政支出的比重（%）	2.61	2.90	3	4
每万名就业人员中研发人员数（人年）	44.65	38.73	7	10
R&D 人员中博士毕业生所占比重（%）	1.63	1.85	13	13
创新产出指数	47.01	46.35	5	5
每亿元 GDP 年登记技术合同成交额（万元）	82.46	86.37	3	4
每亿元 GDP 发明专利申请数（件）	1.31	0.96	4	4
每万人发明专利拥有量（件）	4.62	5.54	8	8
企业创新指数	52.05	55.95	7	10
规模以上工业企业 R&D 经费支出占主营业务收入的比重（%）	1.06	1.28	8	7
规模以上工业企业 R&D 人员占规模以上工业企业从业人员比重（%）	4.67	4.64	7	9
高新技术企业数量占规模以上工业企业数量比重（%）	12.28	15.50	4	5
有研发机构的规模以上工业企业占规模以上工业企业比重（%）	9.31	8.61	6	10
规模以上工业企业新产品销售收入占主营业务收入比重（%）	10.39	10.89	7	8
创新绩效指数	57.17	51.38	7	14
高新技术产业产值占规模以上工业总产值比重（%）	33.13	34.35	7	7
省级以上高新区规模以上工业主营业务收入占全市规模以上工业主营业务收入比重（%）	12.27	14.68	10	8
全员劳动生产率（万元/人）	9.84	10.12	7	7
万元 GDP 综合能耗较上年降低率（%）	7.22	3.78	2	17
创新环境指数	40.40	50.92	10	10
研发费用加计扣除减免税占企业研发经费的比重（%）	0.97	1.89	10	11
每万名就业人员累计孵化企业数（个）	0.69	1.22	8	7
科学研究和技术服务业平均工资比较系数（%）	94.11	84.26	9	11
每万人互联网宽带接入用户数（万户）	0.22	0.24	11	11

八、济宁市

地区生产总值（GDP）4636.77 亿元，居全省第 6 位，比上年增长 6.38%；全员劳动生产率 8.94 万元/人，居全省第 11 位；万元 GDP 综合能耗较上年降低率为 4.10%，居全省第 15 位。

每万名就业人员中研发人员数 39.26 人年，居全省第 8 位；地区 R&D 人员 20 373.8 人年，居全省第 6 位。规模以上工业企业 R&D 人员占规模以上工业企业从业人员比重为 4.04%，居全省第 12 位。

全社会研发（R&D）经费支出 99.04 亿元，占地区生产总值（GDP）的比重为 2.14%，比上年增长 14.47%，占比居全省第 13 位；地方财政科技支出占公共财政支出的比重为 1.27%，比上年下降 0.12 个百分点，居全省第 12 位；规模以上工业企业 R&D 经费支出占主营业务收入的比重为 1.47%，比上年增长 5.42%，居全省第 3 位。

高新技术企业 317 家，比上年增加 30 家，总数居全省第 5 位。高新技术产业产值 1899.22 亿元，占规模以上工业总产值比重为 30.87%，比上年提高 1.00 个百分点，居全省第 10 位。

科技创新载体 137 家。其中，省级以上重点实验室 4 家、省级以上工程技术研究中心 65 家、省级以上科技企业孵化器 22 家、省级以上众创空间 44 家、国家级技术转移示范机构 2 家。

万人发明专利拥有量 2.54 件，较上年增加 0.45 件，居全省第 13 位；PCT 国际专利申请量 8 件，较上年减少 15 件，居全省第 10 位。年登记技术合同成交额 20.62 亿元，较上年增长 37.56%，居全省第 9 位。

研发费用加计扣除减免税占企业研发经费的比重达到 1.64%，比上年提高 0.90 个百分点；高新技术企业减免税额 18 881 万元，比上年增长 171.74%。互联网宽带接入用户数达到 183.1 万户，居全省第 6 位。

济宁市综合科技创新水平指数为 49.87%，居全省第 11 位，比上年提高

4.71 个百分点，增幅排在第 12 位。各指标发展不均衡，创新产出、创新资源、创新环境均较弱。与上年相比，在一级指标中，除创新绩效指数略有下降外，其他指标指数均有所增加，指数提升最大的是创新环境指数，提高了 11.75 个百分点；其次是企业创新指数提高了 7.78 个百分点。从位次变化来看，创新资源指数、创新环境指数位次与上年持平，创新产出指数位次由上年的第 12 位上升至第 11 位；企业创新指数位次由上年的第 4 位下降至第 5 位；创新绩效指数由上年的第 5 位下降至第 7 位（图 3－8、表 3－8）。

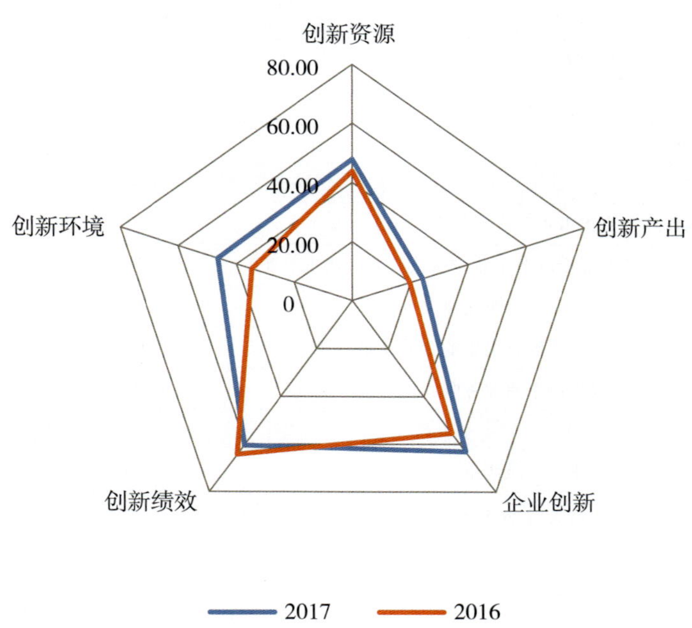

图 3－8　济宁市一级评价指标与上年水平比较

表 3－8　济宁市各级指标值和位次与上年比较

指标名称	指标值		位次	
	上年	当年	上年	当年
综合科技创新水平指数	45.16	49.87	9	11
创新资源指数	43.86	47.83	11	11
全社会研发（R&D）经费支出占地区生产总值（GDP）的比重（%）	1.87	2.14	13	13
地方财政科技支出占公共财政支出的比重（%）	1.38	1.27	10	12
每万名就业人员中研发人员数（人年）	32.95	39.26	11	8
R&D 人员中博士毕业生所占比重（%）	3.42	3.68	6	5
创新产出指数	19.77	24.19	12	11
每亿元 GDP 年登记技术合同成交额（万元）	34.39	44.47	11	11
每亿元 GDP 发明专利申请数（件）	0.53	0.58	11	7
每万人发明专利拥有量（件）	2.09	2.54	13	13
企业创新指数	55.40	63.18	4	5
规模以上工业企业 R&D 经费支出占主营业务收入的比重（%）	1.39	1.47	2	3
规模以上工业企业 R&D 人员占规模以上工业企业从业人员比重（%）	3.73	4.04	11	12
高新技术企业数量占规模以上工业企业数量比重（%）	11.04	11.57	7	9
有研发机构的规模以上工业企业占规模以上工业企业比重（%）	8.12	12.62	8	2
规模以上工业企业新产品销售收入占主营业务收入比重（%）	14.56	13.68	6	6
创新绩效指数	64.36	60.46	5	7
高新技术产业产值占规模以上工业总产值比重（%）	29.87	30.87	9	10
省级以上高新区规模以上工业主营业务收入占全市规模以上工业主营业务收入比重（%）	31.99	29.40	1	2
全员劳动生产率（万元/人）	7.87	8.94	12	11
万元 GDP 综合能耗较上年降低率（%）	5.53	4.10	6	15
创新环境指数	34.71	46.46	13	13
研发费用加计扣除减免税占企业研发经费的比重（%）	0.75	1.64	12	14
每万名就业人员累计孵化企业数（个）	0.74	1.13	7	8
科学研究和技术服务业平均工资比较系数（%）	79.81	81.08	12	13
每万人互联网宽带接入用户数（万户）	0.19	0.22	15	13

九、 泰安市

地区生产总值（GDP）3578.39 亿元，居全省第 9 位，比上年增长 6.35%；全员劳动生产率 8.68 万元/人，居全省第 12 位；万元 GDP 综合能耗较上年降低率为 8.26%，居全省第 4 位。

每万名就业人员中研发人员数 36.23 人年，居全省第 11 位；地区 R&D 人员 14 928.5 人年，居全省第 8 位。规模以上工业企业 R&D 人员占规模以上工业企业从业人员比重为 5.27%，居全省第 6 位。

全社会研发（R&D）经费支出 89.99 亿元，占地区生产总值（GDP）的比重为 2.51%，比上年增长 1.79%，占比居全省第 9 位；地方财政科技支出占公共财政支出的比重为 1.11%，比上年提高 0.07 个百分点，居全省第 13 位；规模以上工业企业 R&D 经费支出占主营业务收入的比重为 1.64%，比上年增长 24.09%，居全省第 2 位。

高新技术企业 139 家，比上年增加 20 家，总数居全省第 11 位。高新技术产业产值 1633.32 亿元，占规模以上工业总产值比重为 29.76%，比上年提高 1.46 个百分点，居全省第 12 位。

科技创新载体 91 家。其中，省级以上重点实验室 13 家、省级以上工程技术研究中心 53 家、省级以上科技企业孵化器 12 家、省级以上众创空间 13 家。

万人发明专利拥有量 2.96 件，较上年增加 0.55 件，居全省第 10 位；PCT 国际专利申请量 26 件，较上年增加 22 件，居全省第 7 位。年登记技术合同成交额 22.41 亿元，较上年增长 19.71%，居全省第 8 位。

研发费用加计扣除减免税占企业研发经费的比重达到 2.03%，比上年提高 1.18 个百分点；高新技术企业减免税额 27 986 万元，比上年增长 106.70%。互联网宽带接入用户数达到 130.2 万户，居全省第 8 位。

泰安市综合科技创新水平指数为 51.16%，居全省第 9 位，比上年提高

7.50 个百分点，增幅排在第 7 位。各指标发展不均衡，创新产出较弱。与上年相比，各一级指标指数均有所提升，提升幅度最大的是创新环境指数，提高了 12.78 个百分点，其次是企业创新指数提升了 10.71 个百分点。从指数位次变化来看，创新产出指数、企业创新指数位次与上年持平，创新环境指数由上年的第 12 位上升至第 11 位；创新绩效指数由上年的第 6 位上升至第 5 位；创新资源指数由上年的第 10 位上升至第 9 位（图 3－9、表 3－9）。

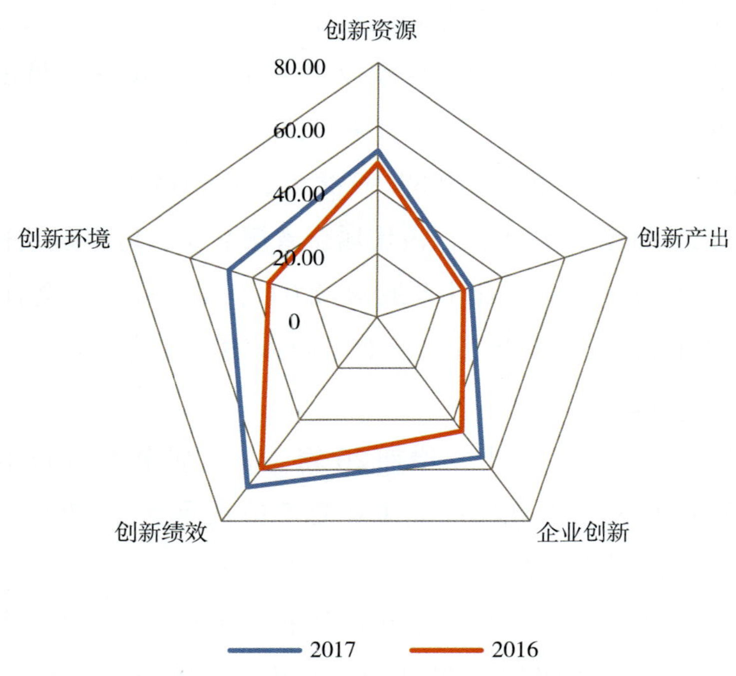

图 3－9 泰安市一级评价指标与上年水平比较

表 3－9　泰安市各级指标值和位次与上年比较

指标名称	指标值		位次	
	上年	当年	上年	当年
综合科技创新水平指数	43.66	51.16	10	9
创新资源指数	48.29	52.19	10	9
全社会研发（R&D）经费支出占地区生产总值（GDP）的比重（%）	2.47	2.51	7	9
地方财政科技支出占公共财政支出的比重（%）	1.04	1.11	14	13
每万名就业人员中研发人员数（人年）	35.73	36.23	10	11
R&D 人员中博士毕业生所占比重（%）	3.62	4.61	5	4
创新产出指数	27.79	30.17	9	9
每亿元 GDP 年登记技术合同成交额（万元）	55.64	62.63	8	7
每亿元 GDP 发明专利申请数（件）	0.59	0.51	10	10
每万人发明专利拥有量（件）	2.41	2.96	11	10
企业创新指数	44.44	55.15	11	11
规模以上工业企业 R&D 经费支出占主营业务收入的比重（%）	1.32	1.64	3	2
规模以上工业企业 R&D 人员占规模以上工业企业从业人员比重（%）	5.15	5.27	5	6
高新技术企业数量占规模以上工业企业数量比重（%）	7.26	9.91	12	11
有研发机构的规模以上工业企业占规模以上工业企业比重（%）	5.49	7.70	15	12
规模以上工业企业新产品销售收入占主营业务收入比重（%）	5.45	7.46	14	14
创新绩效指数	59.37	66.67	6	5
高新技术产业产值占规模以上工业总产值比重（%）	28.30	29.76	12	12
省级以上高新区规模以上工业主营业务收入占全市规模以上工业主营业务收入比重（%）	21.88	25.12	5	3
全员劳动生产率（万元/人）	8.19	8.68	11	12
万元 GDP 综合能耗较上年降低率（%）	6.91	8.26	3	4
创新环境指数	34.86	47.64	12	11
研发费用加计扣除减免税占企业研发经费的比重（%）	0.85	2.03	11	10
每万名就业人员累计孵化企业数（个）	0.51	0.76	10	10
科学研究和技术服务业平均工资比较系数（%）	71.04	70.02	14	14
每万人互联网宽带接入用户数（万户）	0.21	0.23	12	12

十、威海市

地区生产总值（GDP）3512.91 亿元，居全省第 10 位，比上年增长 6.45%；全员劳动生产率 17.16 万元/人，居全省第 3 位；万元 GDP 综合能耗较上年降低率为 5.58%，居全省第 11 位。

每万名就业人员中研发人员数 72.47 人年，居全省第 5 位；地区 R&D 人员 14 834.8 人年，居全省第 9 位。规模以上工业企业 R&D 人员占规模以上工业企业从业人员比重为 4.22%，居全省第 11 位。

全社会研发（R&D）经费支出 88.94 亿元，占地区生产总值（GDP）的比重为 2.53%，比上年增长 6.83%，占比居全省第 8 位；地方财政科技支出占公共财政支出的比重为 4.18%，比上年提高 0.40 个百分点，居全省第 1 位；规模以上工业企业 R&D 经费支出占主营业务收入的比重为 1.26%，比上年增长 14.79%，居全省第 8 位。

高新技术企业 297 家，比上年增加 69 家，总数居全省第 6 位。高新技术产业产值 3015.15 亿元，占规模以上工业总产值比重为 41.13%，比上年提高 1.18 个百分点，居全省第 4 位。

科技创新载体 155 家。其中，省级以上重点实验室 11 家、省级以上工程技术研究中心 84 家、省级以上科技企业孵化器 22 家、省级以上众创空间 38 家。

万人发明专利拥有量 8.41 件，较上年增加 1.10 件，居全省第 4 位；PCT 国际专利申请量 33 件，较上年增加 1 件，居全省第 6 位。年登记技术合同成交额 34.35 亿元，较上年增长 20.53%，居全省第 6 位。

研发费用加计扣除减免税占企业研发经费的比重达到 2.62%，比上年下降 0.12 个百分点；高新技术企业减免税额达 66 815 万元，比上年增长 29.81%。互联网宽带接入用户数达到 95.3 万户，居全省第 13 位。

威海市综合科技创新水平指数为 65.69%，居全省第 4 位，位次较上年下降 1 位，指数比上年提高 2. 85 个百分点，增幅排在第 16 位。各指标发展相对均衡，创新产出、企业创新相对较弱。与上年相比，创新产出指数、创新绩效指数有所下降，其他指数均有不同程度的提高，提高幅度最大的是企业创新指数，提高了 9. 06 个百分点。从位次变化来看，创新资源指数、创新产出指数、创新绩效指数、创新环境指数、企业创新指数分别位于全省第 3、第 4、第 4、第 5、第 8 位。与上年相比，创新资源指数位次上升 1 位；企业创新指数位次未变动；创新产出指数、创新环境指数下降了 1 位；创新绩效指数下降了 3 个位次，由上年第 1 位下降至第 4 位（图 3 – 10、表 3 – 10）。

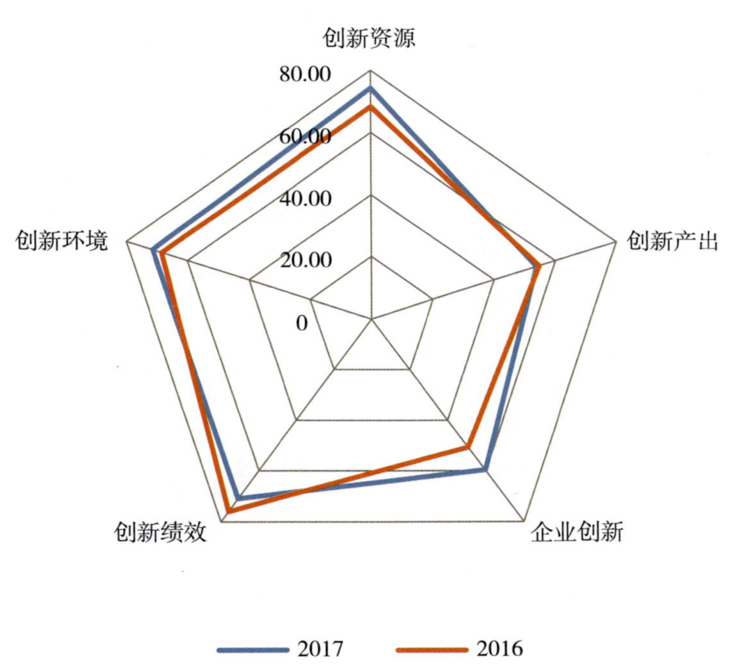

图 3 – 10　威海市一级评价指标与上年水平比较

表 3－10　威海市各级指标值和位次与上年比较

指标名称	指标值		位次	
	上年	当年	上年	当年
综合科技创新水平指数	62. 84	65. 69	3	4
创新资源指数	68. 43	74. 28	4	3
全社会研发（R&D）经费支出占地区生产总值（GDP）的比重（%）	2. 37	2. 53	9	8
地方财政科技支出占公共财政支出的比重（%）	3. 78	4. 18	1	1
每万名就业人员中研发人员数（人年）	72. 45	72. 47	3	5
R&D 人员中博士毕业生所占比重（%）	1. 61	2. 20	14	12
创新产出指数	54. 71	53. 91	3	4
每亿元 GDP 年登记技术合同成交额（万元）	86. 37	97. 78	2	3
每亿元 GDP 发明专利申请数（件）	1. 52	0. 88	3	5
每万人发明专利拥有量（件）	7. 31	8. 41	4	4
企业创新指数	50. 63	59. 69	8	8
规模以上工业企业 R&D 经费支出占主营业务收入的比重（%）	1. 10	1. 26	6	8
规模以上工业企业 R&D 人员占规模以上工业企业从业人员比重（%）	3. 92	4. 22	10	11
高新技术企业数量占规模以上工业企业数量比重（%）	12. 11	16. 08	5	4
有研发机构的规模以上工业企业占规模以上工业企业比重（%）	10. 67	12. 18	5	6
规模以上工业企业新产品销售收入占主营业务收入比重（%）	7. 55	10. 07	11	11
创新绩效指数	75. 96	70. 99	1	4
高新技术产业产值占规模以上工业总产值比重（%）	39. 95	41. 13	4	4
省级以上高新区规模以上工业主营业务收入占全市规模以上工业主营业务收入比重（%）	28. 16	19. 46	3	6
全员劳动生产率（万元/人）	16. 43	17. 16	3	3
万元 GDP 综合能耗较上年降低率（%）	5. 43	5. 58	8	11
创新环境指数	68. 44	71. 32	4	5
研发费用加计扣除减免税占企业研发经费的比重（%）	2. 74	2. 62	1	6
每万名就业人员累计孵化企业数（个）	1. 57	2. 25	5	4
科学研究和技术服务业平均工资比较系数（%）	101. 12	102. 19	7	5
每万人互联网宽带接入用户数（万户）	0. 32	0. 34	3	3

十一、 日照市

地区生产总值（GDP）2008.88 亿元，居全省第 16 位，比上年增长 9.88%；全员劳动生产率 9.52 万元/人，居全省第 9 位；万元 GDP 综合能耗较上年降低率达 4.28%，居全省第 14 位。

每万名就业人员中研发人员数 25.28 人年，居全省第 13 位；地区 R&D 人员 5337.4 人年，居全省第 16 位。规模以上工业企业 R&D 人员占规模以上工业企业从业人员比重达到 5.87%，居全省第 5 位。

全社会研发（R&D）经费支出 33.66 亿元，占地区生产总值（GDP）的比重为 1.68%，比上年增长 22.99%，占比居全省第 15 位；地方财政科技支出占公共财政支出的比重为 1.78%，比上年提高 0.55 个百分点，居全省第 8 位；规模以上工业企业 R&D 经费支出占主营业务收入的比重为 1.16%，比上年增长 18.47%，居全省第 9 位。

高新技术企业 92 家，比上年增加 39 家，总数居全省第 15 位。高新技术产业产值 692.77 亿元，占规模以上工业总产值比重达 24.67%，比上年提高 1.41 个百分点，居全省第 16 位。

科技创新载体 40 家。其中，省级以上重点实验室 1 家、省级以上工程技术研究中心 24 家、省级以上科技企业孵化器 4 家、省级以上众创空间 11 家。

万人发明专利拥有量 2.32 件，较上年增加 0.45 件，居全省第 16 位；PCT 国际专利申请量 3 件，居全省第 14 位。年登记技术合同成交额 7.47 亿元，较上年增长 22.66%，居全省第 15 位。

研发费用加计扣除减免税占企业研发经费的比重达到 2.34%，比上年提高 0.87 个百分点；高新技术企业减免税额 6167 万元，比上年增长 112.36%。互联网宽带接入用户数达到 75.1 万户，居全省第 16 位。

日照市综合科技创新水平指数为 43.01%，居全省第 12 位，位次较上年没有变化，指数比上年提高 5.77 个百分点，增幅排在第 10 位。各指标发展不均衡，创新产出、创新绩效、创新资源均较薄弱。与上年相比，除创新产出指数下降2.94个百分点外，其他指数均有增长，增长幅度最大的是创新环境指数，增长了12.33个百分点。从位次变化来看，创新资源指数、企业创新指数位次均上升1位，其他3个指数位次均有下降。下降位次最多的是创新产出指数，由上年的第11位下降至第15位；创新绩效指数由上年第15位下降至第17位；创新环境指数由上年的第6位下降至第7位（图3-11、表3-11）。

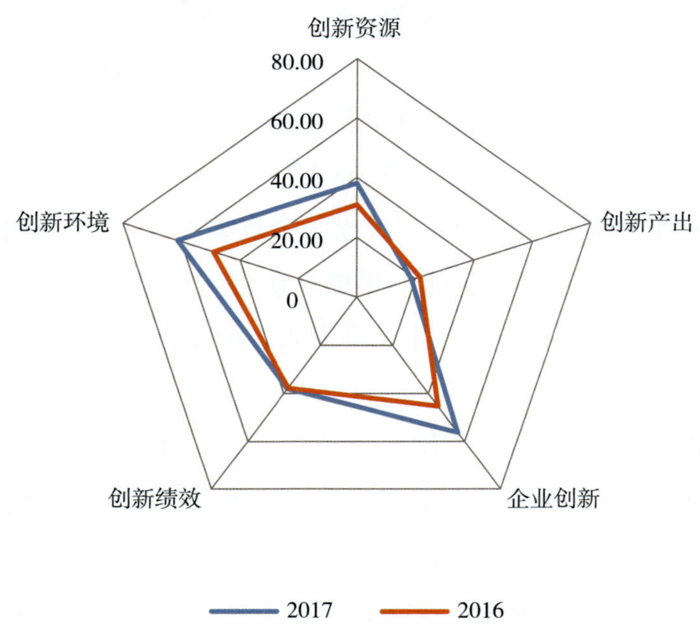

图3-11　日照市一级评价指标与上年水平比较

表3－11　日照市各级指标值和位次与上年比较

指标名称	指标值		位次	
	上年	当年	上年	当年
综合科技创新水平指数	37.24	43.01	12	12
创新资源指数	30.89	38.02	15	14
全社会研发（R&D）经费支出占地区生产总值（GDP）的比重（%）	1.36	1.68	16	15
地方财政科技支出占公共财政支出的比重（%）	1.23	1.78	12	8
每万名就业人员中研发人员数（人年）	20.59	25.28	15	13
R&D人员中博士毕业生所占比重（%）	1.90	1.75	12	14
创新产出指数	21.73	18.80	11	15
每亿元GDP年登记技术合同成交额（万元）	33.31	37.18	12	14
每亿元GDP发明专利申请数（件）	0.81	0.30	7	16
每万人发明专利拥有量（件）	1.87	2.32	16	16
企业创新指数	45.30	56.18	10	9
规模以上工业企业R&D经费支出占主营业务收入的比重（%）	0.97	1.16	9	9
规模以上工业企业R&D人员占规模以上工业企业从业人员比重（%）	4.38	5.87	8	5
高新技术企业数量占规模以上工业企业数量比重（%）	8.07	12.52	9	8
有研发机构的规模以上工业企业占规模以上工业企业比重（%）	7.91	10.20	9	8
规模以上工业企业新产品销售收入占主营业务收入比重（%）	9.45	9.09	8	12
创新绩效指数	37.62	37.99	15	17
高新技术产业产值占规模以上工业总产值比重（%）	23.27	24.67	15	16
省级以上高新区规模以上工业主营业务收入占全市规模以上工业主营业务收入比重（%）	3.59	3.84	15	14
全员劳动生产率（万元/人）	8.71	9.52	8	9
万元GDP综合能耗较上年降低率（%）	4.87	4.28	10	14
创新环境指数	49.04	61.37	6	7
研发费用加计扣除减免税占企业研发经费的比重（%）	1.47	2.34	4	8
每万名就业人员累计孵化企业数（个）	1.13	1.44	6	6
科学研究和技术服务业平均工资比较系数（%）	95.55	112.81	8	4
每万人互联网宽带接入用户数（万户）	0.25	0.26	9	9

十二、 莱芜市

地区生产总值（GDP）894.97 亿元，居全省第 17 位，比上年增长 25.11%；全员劳动生产率 9.86 万元/人，居全省第 8 位；万元 GDP 综合能耗较上年降低率达 7.71%，居全省第 7 位。

每万名就业人员中研发人员数 45.86 人年，居全省第 7 位；地区 R&D 人员 4 164.1 人年，居全省第 17 位。规模以上工业企业 R&D 人员占规模以上工业企业从业人员比重达到 5.88%，居全省第 4 位。

全社会研发（R&D）经费支出 23.00 亿元，占地区生产值（GDP）的比重为 2.57%，比上年增长 2.05%，占比居全省第 7 位；地方财政科技支出占公共财政支出的比重为 1.70%，比上年下降 0.70 个百分点，居全省第 9 位；规模以上工业企业 R&D 经费支出占主营业务收入的比重为 1.40%，比上年增长 26.17%，居全省第 4 位。

高新技术企业 74 家，比上年增加 14 家，总数居全省第 17 位。高新技术产业产值 483.68 亿元，占规模以上工业总产值比重达 22.63%，比上年提高 1.27 个百分点，居全省第 17 位。

科技创新载体 25 家。其中，省级以上重点实验室 1 家、省级以上工程技术研究中心 19 家、省级以上科技企业孵化器 2 家、省级以上众创空间 2 家、国家级技术转移示范机构 1 家。

万人发明专利拥有量 8.21 件，较上年增加 1.52 件，居全省第 5 位；年登记技术合同成交额 4.82 亿元，较上年下降 12.52%，居全省第 17 位。

研发费用加计扣除减免税占企业研发经费的比重达到 3.56%，比上年提高 3.16 个百分点；高新技术企业减免税额 6435 万元，是上年的 2.41 倍。互联网宽带接入用户数达到 39.9 万户，居全省第 17 位。

莱芜市综合科技创新水平指数为 53.90%，居全省第 7 位，位次较上年提升 1 位，指数比上年提高 6.22 个百分点，增幅排在第 9 位。各指标发展不均衡，创新产出薄弱。与上年相比，除创新资源指数、创新产出指数分别下降3.22个百分点、7.46个百分点外，其他3个一级指标指数均有不同程度上升。指数增长幅度最大的是创新环境指数，较上年提高了30.07个百分点。从位次变化来看，创新环境指数位次变化最大，由上年第14位提高至第6位；创新绩效指数位次提升了1位。企业创新指数位次下降最多，下降了3位，创新资源指数位次下降了2位，创新产出指数位次下降了1位（图3-12、表3-12）。

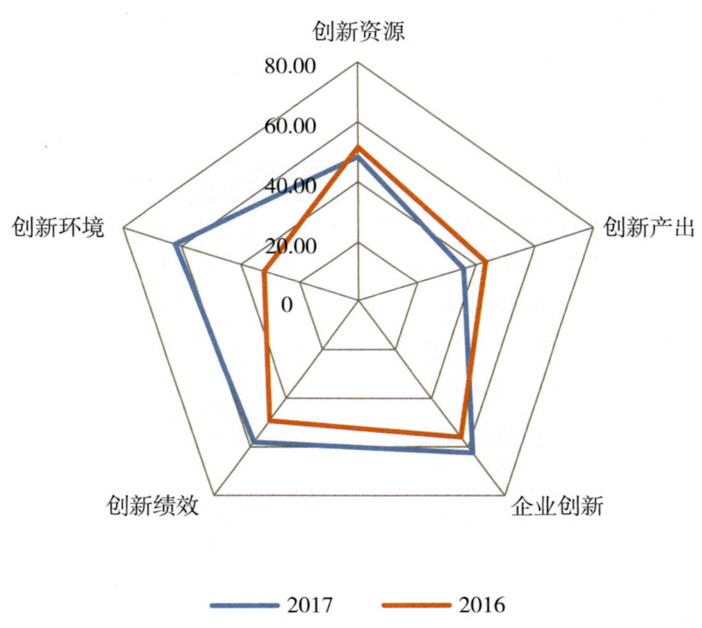

图3-12　莱芜市一级评价指标与上年水平比较

表 3－12　莱芜市各级指标值和位次与上年比较

指标名称	指标值		位次	
	上年	当年	上年	当年
综合科技创新水平指数	47.68	53.90	8	7
创新资源指数	51.52	48.30	8	10
全社会研发（R&D）经费支出占地区生产总值（GDP）的比重（%）	2.52	2.57	6	7
地方财政科技支出占公共财政支出的比重（%）	2.40	1.70	5	9
每万名就业人员中研发人员数（人年）	40.27	45.86	9	7
R&D 人员中博士毕业生所占比重（%）	1.18	1.04	16	17
创新产出指数	43.27	35.81	6	7
每亿元 GDP 年登记技术合同成交额（万元）	77.02	53.86	4	10
每亿元 GDP 发明专利申请数（件）	0.76	0.52	8	9
每万人发明专利拥有量（件）	6.69	8.21	6	5
企业创新指数	56.04	62.49	3	6
规模以上工业企业 R&D 经费支出占主营业务收入的比重（%）	1.11	1.40	5	4
规模以上工业企业 R&D 人员占规模以上工业企业从业人员比重（%）	5.62	5.88	3	4
高新技术企业数量占规模以上工业企业数量比重（%）	10.95	12.80	8	7
有研发机构的规模以上工业企业占规模以上工业企业比重（%）	6.02	6.06	14	15
规模以上工业企业新产品销售收入占主营业务收入比重（%）	19.17	20.44	2	4
创新绩效指数	49.37	57.96	10	9
高新技术产业产值占规模以上工业总产值比重（%）	21.36	22.63	17	17
省级以上高新区规模以上工业主营业务收入占全市规模以上工业主营业务收入比重（%）	24.36	19.40	4	7
全员劳动生产率（万元/人）	6.40	9.86	15	8
万元 GDP 综合能耗较上年降低率（%）	4.50	7.71	11	7
创新环境指数	32.15	62.22	14	6
研发费用加计扣除减免税占企业研发经费的比重（%）	0.39	3.56	16	2
每万名就业人员累计孵化企业数（个）	0.22	0.32	14	14
科学研究和技术服务业平均工资比较系数（%）	68.14	59.14	15	16
每万人互联网宽带接入用户数（万户）	0.26	0.29	7	6

十三、临沂市

地区生产总值（GDP）4330.11 亿元，居全省第 7 位，比上年增长 6.13%；全员劳动生产率 6.29 万元/人，居全省第 16 位；万元 GDP 综合能耗较上年降低率达 7.86%，居全省第 6 位。

每万名就业人员中研发人员数 22.65 人年，居全省第 15 位；地区 R&D 人员 15 591.6 人年，居全省第 7 位。规模以上工业企业 R&D 人员占规模以上工业企业从业人员比重达到 3.31%，居全省第 14 位。

全社会研发（R&D）的经费支出 100.45 亿元，占地区生产总值（GDP）的比重为 2.32%，比上年增长 10.05%，占比居全省第 11 位；地方财政科技支出占公共财政支出的比重为 0.78%，比上年下降 0.49 个百分点，居全省第 15 位；规模以上工业企业 R&D 经费支出占主营业务收入的比重为 0.85%，比上年增长 13.23%，居全省第 13 位。

高新技术企业 271 家，比上年增加 63 家，总数居全省第 8 位。高新技术产业产值 3412.78 亿元，占规模以上工业总产值比重达 29.48%，比上年提高 1.03 个百分点，居全省第 13 位。

科技创新载体 79 家。其中，省级以上重点实验室 12 家、省级以上工程技术研究中心 39 家、省级以上科技企业孵化器 11 家、省级以上众创空间 17 家。

万人发明专利拥有量 2.60 件，较上年增加 0.18 件，居全省第 12 位；PCT 国际专利申请量 11 件，较上年增加 7 件，居全省第 9 位。年登记技术合同成交额 16.75 亿元，较上年增长 34.00%，居全省第 10 位。

研发费用加计扣除减免税占企业研发经费的比重达到 1.66%，比上年提高 0.25 个百分点；高新技术企业减免税额达到 45 280 万元，比上年增长 60.68%。互联网宽带接入用户数达到 227.1 万户，居全省第 3 位。

临沂市综合科技创新水平指数为 39.65%，居全省第 14 位，位次较上年没有变化。指数比上年提高 6. 98 个百分点，增幅排在第 8 位。各指标发展不均衡，创新产出较弱。与上年相比，除创新资源指数下降 0. 91 个百分点外，其他 4 个一级指标指数较上年均有不同程度提高。从位次变化来看，创新绩效位次提升最大，由上年的第 17 位上升至第 13 位；创新资源指数、创新产出指数位次均提升了 1 位；企业创新指数位次与上年持平；创新环境指数位次下降 3 位，由上年第 11 位下降至第 14 位（图 3 – 13、表 3 – 13）。

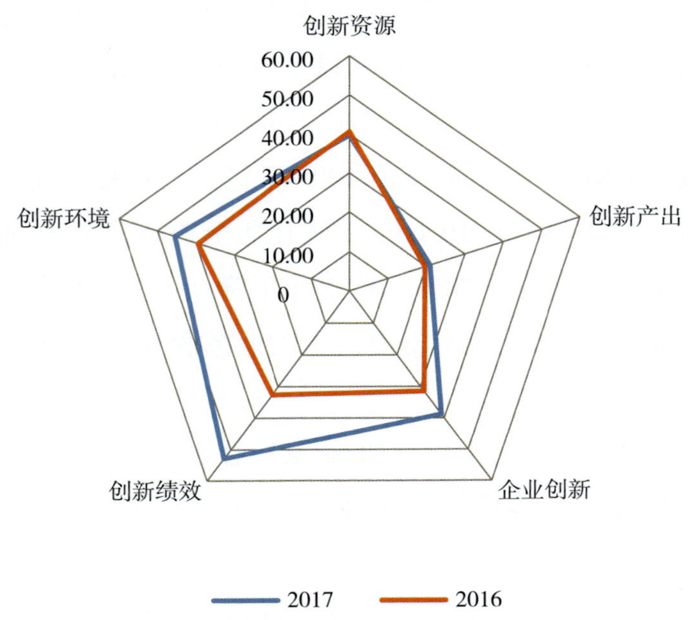

图 3 – 13　临沂市一级评价指标与上年水平比较

表 3－13　临沂市各级指标值和位次与上年比较

指标名称	指标值		位次	
	上年	当年	上年	当年
综合科技创新水平指数	32.67	39.65	14	14
创新资源指数	40.65	39.75	13	12
全社会研发（R&D）经费支出占地区生产总值（GDP）的比重（%）	2.11	2.32	12	11
地方财政科技支出占公共财政支出的比重（%）	1.26	0.78	11	15
每万名就业人员中研发人员数（人年）	20.67	22.65	14	15
R&D 人员中博士毕业生所占比重（%）	2.88	2.86	9	9
创新产出指数	19.66	21.05	13	12
每亿元 GDP 年登记技术合同成交额（万元）	30.64	38.68	13	13
每亿元 GDP 发明专利申请数（件）	0.60	0.44	9	14
每万人发明专利拥有量（件）	2.42	2.60	10	12
企业创新指数	31.42	38.68	14	14
规模以上工业企业 R&D 经费支出占主营业务收入的比重（%）	0.75	0.85	12	13
规模以上工业企业 R&D 人员占规模以上工业企业从业人员比重（%）	2.72	3.31	13	14
高新技术企业数量占规模以上工业企业数量比重（%）	5.12	6.18	14	14
有研发机构的规模以上工业企业占规模以上工业企业比重（%）	6.18	7.64	13	13
规模以上工业企业新产品销售收入占主营业务收入比重（%）	5.10	7.67	15	13
创新绩效指数	32.52	52.86	17	13
高新技术产业产值占规模以上工业总产值比重（%）	28.45	29.48	11	13
省级以上高新区规模以上工业主营业务收入占全市规模以上工业主营业务收入比重（%）	13.10	12.20	9	10
全员劳动生产率（万元/人）	5.65	6.29	16	16
万元 GDP 综合能耗较上年降低率（%）	－2.51	7.86	17	6
创新环境指数	39.55	45.50	11	14
研发费用加计扣除减免税占企业研发经费的比重（%）	1.40	1.66	5	13
每万名就业人员累计孵化企业数（个）	0.45	0.62	12	12
科学研究和技术服务业平均工资比较系数（%）	79.47	90.52	13	9
每万人互联网宽带接入用户数（万户）	0.20	0.21	14	15

十四、德州市

地区生产总值（GDP）3141.66 亿元，居全省第 11 位，比上年增长 5.43%；全员劳动生产率 7.95 万元/人，居全省第 13 位；万元 GDP 综合能耗较上年降低率达 8.51%，居全省第 3 位。

每万名就业人员中研发人员数 23.77 人年，居全省第 14 位；地区 R&D 人员 9 396.7 人年，居全省第 12 位。规模以上工业企业 R&D 人员占规模以上工业企业从业人员比重达到 2.83%，居全省第 16 位。

全社会研发（R&D）经费支出 51.40 亿元，占地区生产总值（GDP）的比重为 1.64%，比上年增长 10.16%，占比居全省第 16 位；地方财政科技支出占公共财政支出的比重为 1.43%，比上年下降 0.37 个百分点，居全省第 11 位；规模以上工业企业 R&D 经费支出占主营业务收入的比重为 0.48%，比上年增长 15.50%，居全省第 17 位。

高新技术企业 157 家，比上年增加 23 家，总数居全省第 9 位。高新技术产业产值 3401.9 亿元，占规模以上工业总产值比重达 30.96%，比上年提高 1.52 个百分点，居全省第 9 位。

科技创新载体 69 家。其中，省级以上重点实验室 7 家、省级以上工程技术研究中心 39 家、省级以上科技企业孵化器 10 家、省级以上众创空间 13 家。

万人发明专利拥有量 2.71 件，较上年增加 0.60 件，居全省第 11 位；PCT 国际专利申请量 4 件，较上年减少 8 件，居全省第 12 位。年登记技术合同成交额 11.24 亿元，较上年增长 35.26%，居全省第 13 位。

研发费用加计扣除减免税占企业研发经费的比重达到 1.66%，比上年提高 1.26 个百分点；高新技术企业减免税额达 20 403 万元，比上年增长 64.82%。互联网宽带接入用户数达到 125.5 万户，居全省第 10 位。

德州市综合科技创新水平指数为 34.97%，居全省第 15 位，位次较上年没有变化，指数比上年提高4.10个百分点，增幅排在第14位。各指标发展不均衡，创新产出、企业创新均薄弱。与上年相比，除创新资源指数略有下降外，其他各一级指标指数均有不同程度提高，指数提高最大的是创新环境指数，提高了12.71个百分点。从位次变化来看，各一级指标指数位次变化不大，创新产出指数由上年的第16位上升到第14位；创新资源指数由第12位下降至第13位；企业创新指数、创新绩效指数、创新环境指数位次较上年没有变化（图3－14、表3－14）。

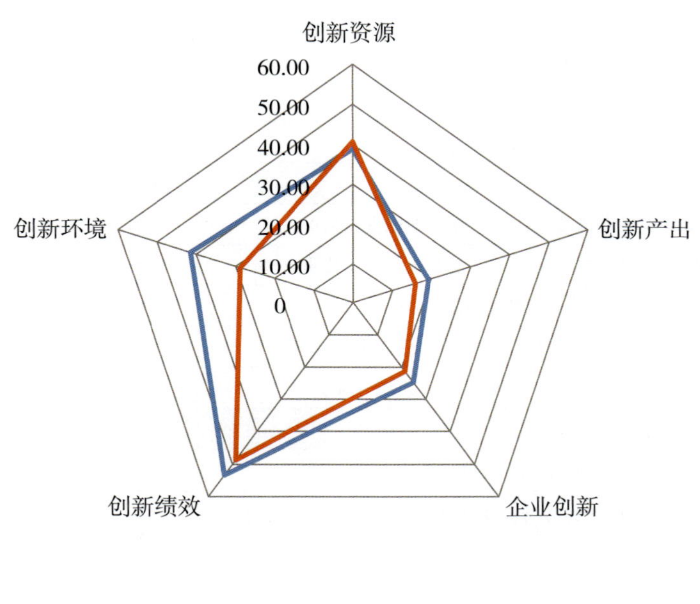

图3－14 德州市一级评价指标与上年水平比较

表 3－14　德州市各级指标值和位次与上年比较

指标名称	指标值		位次	
	上年	当年	上年	当年
综合科技创新水平指数	30.87	34.97	15	15
创新资源指数	40.68	38.84	12	13
全社会研发（R&D）经费支出占地区生产总值（GDP）的比重（%）	1.49	1.64	15	16
地方财政科技支出占公共财政支出的比重（%）	1.80	1.43	7	11
每万名就业人员中研发人员数（人年）	25.63	23.77	12	14
R&D 人员中博士毕业生所占比重（%）	3.15	3.06	7	8
创新产出指数	15.91	19.22	16	14
每亿元 GDP 年登记技术合同成交额（万元）	27.89	35.78	15	15
每亿元 GDP 发明专利申请数（件）	0.35	0.33	16	15
每万人发明专利拥有量（件）	2.11	2.71	12	11
企业创新指数	21.22	24.69	17	17
规模以上工业企业 R&D 经费支出占主营业务收入的比重（%）	0.41	0.48	17	17
规模以上工业企业 R&D 人员占规模以上工业企业从业人员比重（%）	2.59	2.83	14	16
高新技术企业数量占规模以上工业企业数量比重（%）	4.48	5.15	15	15
有研发机构的规模以上工业企业占规模以上工业企业比重（%）	3.91	4.63	16	17
规模以上工业企业新产品销售收入占主营业务收入比重（%）	2.88	3.79	16	17
创新绩效指数	48.73	53.40	11	11
高新技术产业产值占规模以上工业总产值比重（%）	29.44	30.96	10	9
省级以上高新区规模以上工业主营业务收入占全市规模以上工业主营业务收入比重（%）	8.43	7.47	11	11
全员劳动生产率（万元/人）	8.32	7.95	10	13
万元 GDP 综合能耗较上年降低率（%）	6.54	8.51	4	3
创新环境指数	28.80	41.51	16	16
研发费用加计扣除减免税占企业研发经费的比重（%）	0.40	1.66	15	12
每万名就业人员累计孵化企业数（个）	0.47	0.67	11	11
科学研究和技术服务业平均工资比较系数（%）	64.67	60.29	16	15
每万人互联网宽带接入用户数（万户）	0.20	0.22	13	14

十五、 聊城市

地区生产总值（GDP）3013.55 亿元，居全省第 12 位，比上年增长 5.14%；全员劳动生产率 7.28 万元/人，居全省第 15 位；万元 GDP 综合能耗较上年降低率达 4.54%，居全省第 12 位。

每万名就业人员中研发人员数 18.01 人年，居全省第 16 位；地区 R&D 人员 7453.2 人年，居全省第 14 位。规模以上工业企业 R&D 人员占规模以上工业企业从业人员比重达到 3.50%，居全省第 13 位。

全社会研发（R&D）经费支出 66.12 亿元，占地区生产总值（GDP）的比重为 2.19%，比上年增长 2.54%，占比居全省第 12 位；地方财政科技支出占公共财政支出的比重为 0.48%，比上年提高 0.11 个百分点，居全省第 16 位；规模以上工业企业 R&D 经费支出占主营业务收入的比重为 0.89%，比上年增长 32.44%，居全省第 12 位。

高新技术企业 97 家，比上年增加 23 家，总数居全省第 14 位。高新技术产业产值 2493.08 亿元，占规模以上工业总产值比重达 30.03%，比上年提高 1.90 个百分点，居全省第 11 位。

科技创新载体 50 家。其中，省级以上重点实验室 7 家、省级以上工程技术研究中心 27 家、省级以上科技企业孵化器 4 家、省级以上众创空间 12 家。

万人发明专利拥有量 2.54 件，较上年增加 0.47 件，居全省第 13 位；PCT 国际专利申请量 4 件，较上年减少 5 件，居全省第 12 位。年登记技术合同成交额 11.71 亿元，较上年增长 46.38%，居全省第 12 位。

研发费用加计扣除减免税占企业研发经费的比重达到 1.02%，比上年提高 0.63 个百分点；高新技术企业减免税额达 34 024 万元，比上年增长 22.27%。互联网宽带接入用户数达到 124.3 万户，居全省第 11 位。

聊城市综合科技创新水平指数为 34.52%，居全省第 16 位，位次较上年没有变化。指数比上年提高 4.04 个百分点，增幅排在第 15 位。各指标发展不均衡，创新产出薄弱。与上年相比，除创新资源指数略有下降外，其他各一级指标指数均有不同程度上升，指数上升幅度最大的是企业创新指数，提高了 11.32 个百分点；其次是创新环境指数亦提高了 8.85 个百分点。从位次变化来看，各一级指标指数位次除创新产出指数由上年第 15 位上升到第 13 位、企业创新指数位次没有变化外，其他各指数位次均下降。创新资源指数由上年第 14 位下降至第 15 位；创新绩效指数由上年第 14 位下降至第 16 位；创新环境指数由上年第 15 位下降至第 17 位（图 3－15、表 3－15）。

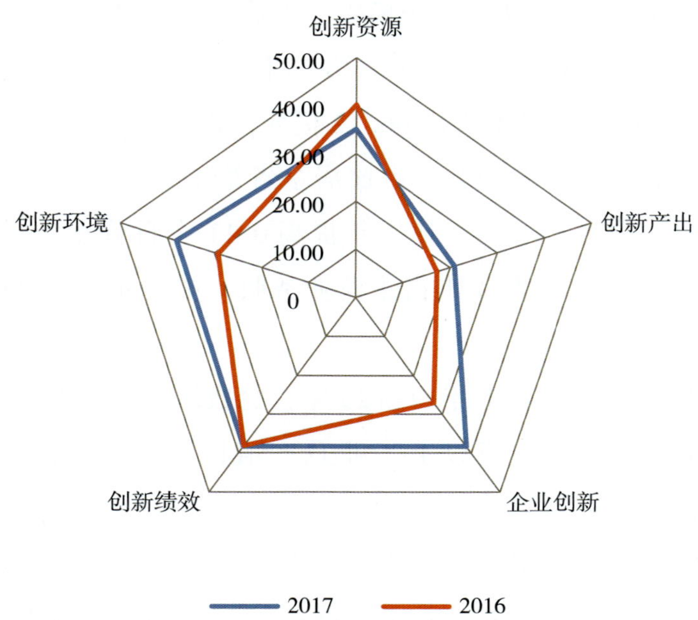

图 3－15　聊城市一级评价指标与上年水平比较

表 3 - 15　聊城市各级指标值和位次与上年比较

指标名称	指标值		位次	
	上年	当年	上年	当年
综合科技创新水平指数	30.48	34.52	16	16
创新资源指数	40.22	35.01	14	15
全社会研发（R&D）经费支出占地区生产总值（GDP）的比重（%）	2.14	2.19	11	12
地方财政科技支出占公共财政支出的比重（%）	0.37	0.48	17	16
每万名就业人员中研发人员数（人年）	16.77	18.01	16	16
R&D 人员中博士毕业生所占比重（%）	4.95	2.69	4	10
创新产出指数	17.25	21.02	15	13
每亿元 GDP 年登记技术合同成交额（万元）	27.91	38.86	14	12
每亿元 GDP 发明专利申请数（件）	0.50	0.44	13	13
每万人发明专利拥有量（件）	2.07	2.54	14	13
企业创新指数	27.03	38.35	15	15
规模以上工业企业 R&D 经费支出占主营业务收入的比重（%）	0.67	0.89	14	12
规模以上工业企业 R&D 人员占规模以上工业企业从业人员比重（%）	2.58	3.50	15	13
高新技术企业数量占规模以上工业企业数量比重（%）	2.80	4.17	16	16
有研发机构的规模以上工业企业占规模以上工业企业比重（%）	3.44	4.73	17	16
规模以上工业企业新产品销售收入占主营业务收入比重（%）	7.93	12.88	10	7
创新绩效指数	38.11	38.34	14	16
高新技术产业产值占规模以上工业总产值比重（%）	28.13	30.03	13	11
省级以上高新区规模以上工业主营业务收入占全市规模以上工业主营业务收入比重（%）	1.26	2.57	16	16
全员劳动生产率（万元/人）	6.97	7.28	14	15
万元 GDP 综合能耗较上年降低率（%）	5.42	4.54	9	12
创新环境指数	29.25	38.10	15	17
研发费用加计扣除减免税占企业研发经费的比重（%）	0.39	1.02	17	16
每万名就业人员累计孵化企业数（个）	0.18	0.26	15	17
科学研究和技术服务业平均工资比较系数（%）	84.31	95.13	11	8
每万人互联网宽带接入用户数（万户）	0.19	0.21	16	16

十六、 滨州市

地区生产总值（GDP）2601.14 亿元，居全省第 14 位，比上年增长 3.49%；全员劳动生产率 9.25 万元/人，居全省第 10 位；万元 GDP 综合能耗较上年降低率达 12.45%，居全省第 2 位。

每万名就业人员中研发人员数 39.23 人年，居全省第 9 位；地区 R&D 人员 11 030.8 人年，居全省第 10 位。规模以上工业企业 R&D 人员占规模以上工业企业从业人员比重达到 4.96%，居全省第 8 位。

全社会研发（R&D）经费支出 68.36 亿元，占地区生产总值（GDP）的比重为 2.63%，比上年增长 1.83%，占比居全省第 3 位；地方财政科技支出占公共财政支出的比重为 2.91%，比上年提高 0.96 个百分点，居全省第 3 位；规模以上工业企业 R&D 经费支出占主营业务收入的比重为 0.78%，比上年增长 3.92%，居全省第 14 位。

高新技术企业 100 家，比上年增加 16 家，总数居全省第 13 位。高新技术产业产值 2015.47 亿元，占规模以上工业总产值比重达 27.31%，比上年提高 0.48 个百分点，居全省第 14 位。

科技创新载体 41 家。其中，省级以上重点实验室 6 家、省级以上工程技术研究中心 25 家、省级以上科技企业孵化器 2 家、省级以上众创空间 8 家。

万人发明专利拥有量 4.09 件，较上年增加 0.63 件，居全省第 9 位；PCT 国际专利申请量 2 件，较上年减少 6 件，居全省第 15 位。年登记技术合同成交额 5.4 亿元，较上年下降 5.92%，居全省第 16 位。

研发费用加计扣除减免税占企业研发经费的比重达到 2.41%，比上年提高 1.72 个百分点；高新技术企业减免税额达 25 006 万元，比上年增长 3.45%。互联网宽带接入用户数达到 120.6 万户，居全省第 12 位。

滨州市综合科技创新水平指数为 51.12%，居全省第 10 位，位次较上年提升 1 位。指数比上年提高 9.67 个百分点，增幅排在第 3 位。各指标发展不均衡，创新产出薄弱。与上年相比，其各一级指标指数较上年均有不同程度上升，上升幅度最大的是创新绩效指数，提高了 21.99 个百分点，其次是创新环境指数亦提高了 14.89 个百分点。从位次变化来看，创新绩效指数位次变化最大，由上年的第 16 位上升至第 10 位；创新资源指数位次上升了 1 位；其他 3 个指标位次均有下降。创新产出指数位次由上年第 14 位下降至第 16 位，企业创新指数位次由第 5 位下降至第 7 位，创新环境指数位次由第 7 位下降至第 9 位（图 3－16、表 3－16）。

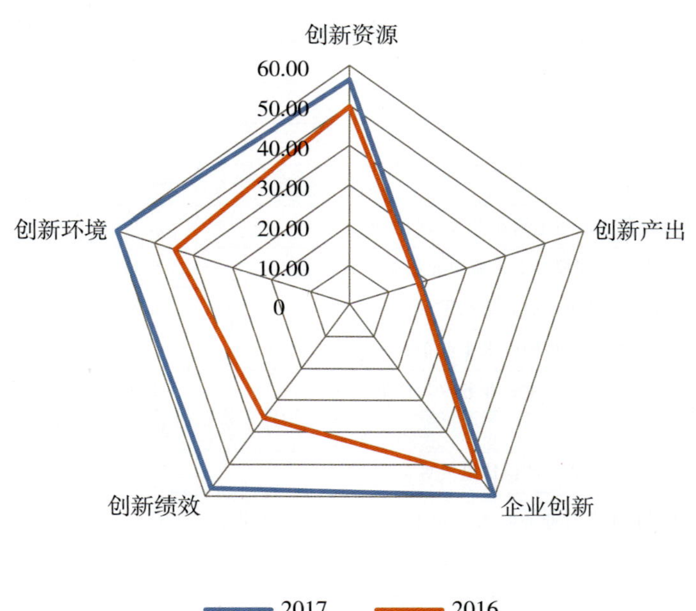

图 3－16　滨州市一级评价指标与上年水平比较

表 3－16　滨州市各级指标值和位次与上年比较

指标名称	指标值		位次	
	上年	当年	上年	当年
综合科技创新水平指数	41.45	51.12	11	10
创新资源指数	49.76	56.37	9	8
全社会研发（R&D）经费支出占地区生产总值（GDP）的比重（%）	2.58	2.63	2	3
地方财政科技支出占公共财政支出的比重（%）	1.95	2.91	6	3
每万名就业人员中研发人员数（人年）	44.48	39.23	8	9
R&D 人员中博士毕业生所占比重（%）	1.05	1.43	17	15
创新产出指数	17.67	18.18	14	16
每亿元 GDP 年登记技术合同成交额（万元）	22.84	20.76	17	17
每亿元 GDP 发明专利申请数（件）	0.48	0.50	15	11
每万人发明专利拥有量（件）	3.46	4.09	9	9
企业创新指数	54.01	59.69	5	7
规模以上工业企业 R&D 经费支出占主营业务收入的比重（%）	0.75	0.78	13	14
规模以上工业企业 R&D 人员占规模以上工业企业从业人员比重（%）	5.36	4.96	4	8
高新技术企业数量占规模以上工业企业数量比重（%）	6.99	7.94	13	13
有研发机构的规模以上工业企业占规模以上工业企业比重（%）	6.33	9.52	11	9
规模以上工业企业新产品销售收入占主营业务收入比重（%）	25.43	26.68	1	1
创新绩效指数	35.57	57.56	16	10
高新技术产业产值占规模以上工业总产值比重（%）	26.83	27.31	14	14
省级以上高新区规模以上工业主营业务收入占全市规模以上工业主营业务收入比重（%）	0.80	1.02	17	17
全员劳动生产率（万元/人）	8.70	9.25	9	10
万元 GDP 综合能耗较上年降低率（%）	4.12	12.45	12	2
创新环境指数	44.74	59.63	7	9
研发费用加计扣除减免税占企业研发经费的比重（%）	0.69	2.41	13	7
每万名就业人员累计孵化企业数（个）	0.37	0.48	13	13
科学研究和技术服务业平均工资比较系数（%）	120.38	100.67	3	6
每万人互联网宽带接入用户数（万户）	0.29	0.31	5	5

十七、菏泽市

地区生产总值（GDP）2825.81 亿元，居全省第 13 位，比上年增长 9.14%；全员劳动生产率 5.49 万元/人，居全省第 17 位；万元 GDP 综合能耗较上年降低率达 5.90%，居全省第 10 位。

每万名就业人员中研发人员数 13.63 人年，居全省末位；地区 R&D 人员 7016.3 人年，居全省第 15 位。规模以上工业企业 R&D 人员占规模以上工业企业从业人员比重达到 2.28%，居全省末位。

全社会研发（R&D）经费支出 38.98 亿元，占地区生产总值（GDP）的比重为 1.38%，比上年增长 4.14%，占比居全省末位；地方财政科技支出占公共财政支出的比重为 0.43%，比上年下降 0.26 个百分点，居全省末位；规模以上工业企业 R&D 经费支出占主营业务收入的比重为 0.48%，比上年增长 10.19%，居全省第 16 位。

高新技术企业 92 家，比上年增加 30 家，总数居全省第 15 位。高新技术产业产值 2844.92 亿元，占规模以上工业总产值比重达 33.74%，比上年提高 1.05 个百分点，居全省第 8 位。

科技创新载体 49 家。其中，省级以上重点实验室 1 家、省级以上工程技术研究中心 13 家、省级以上科技企业孵化器 7 家、省级以上众创空间 28 家。

万人发明专利拥有量 1.26 件，较上年增加 0.25 件，居全省末位；PCT 国际专利申请量 1 件，较上年减少 11 件，居全省第 16 位。年登记技术合同成交额 8.05 亿元，较上年增长 17.35%，居全省第 14 位。

研发费用加计扣除减免税占企业研发经费的比重达到 2.69%，比上年提高 1.64 个百分点；高新技术企业减免税额达 14 963 万元，比上年提高 31.40%。互联网宽带接入用户数达到 157.3 万户，居全省第 7 位。

菏泽市综合科技创新水平指数为 31.81%，居全省末位，位次与上年持平。指数比上年提高 4.27 个百分点，增幅排在第 13 位。各指标发展较弱，且不均衡。与上年相比，各一级指标指数均有增长，上升幅度最大的是创新环境指数，提高了 19.40 个百分点。从位次变化来看，位次变化最大的是创新环境指数，由上年的第 17 位上升至第 12 位；创新绩效指数位次由上年 13 位下降至第 15 位，其他 3 个指数位次与上年持平（图 3－17、表 3－17）。

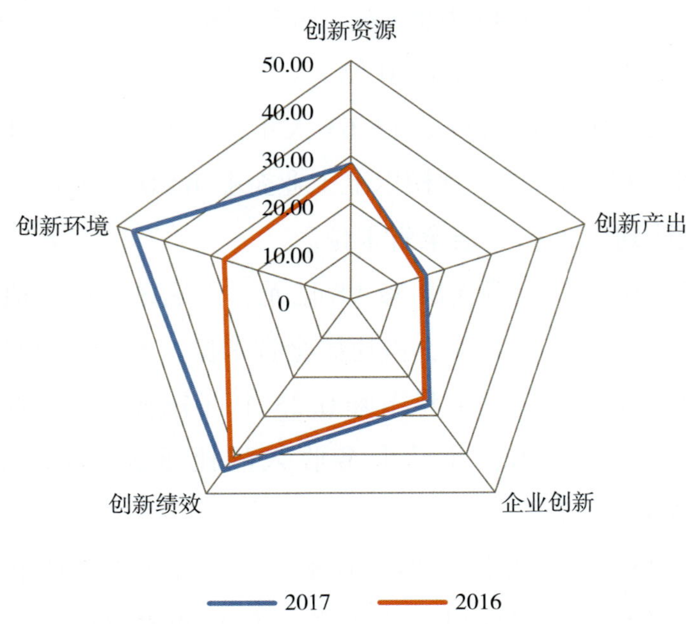

图 3－17　菏泽市一级评价指标与上年水平比较

表 3－17　菏泽市各级指标值和位次与上年比较

指标名称	指标值		位次	
	上年	当年	上年	当年
综合科技创新水平指数	27.53	31.81	17	17
创新资源指数	27.79	28.17	17	17
全社会研发（R&D）经费支出占地区生产总值（GDP）的比重（%）	1.32	1.38	17	17
地方财政科技支出占公共财政支出的比重（%）	0.69	0.43	15	17
每万名就业人员中研发人员数（人年）	13.36	13.63	17	17
R&D 人员中博士毕业生所占比重（%）	2.76	3.28	10	6
创新产出指数	15.08	15.97	17	17
每亿元 GDP 年登记技术合同成交额（万元）	26.49	28.49	16	16
每亿元 GDP 发明专利申请数（件）	0.50	0.48	14	12
每万人发明专利拥有量（件）	1.01	1.26	17	17
企业创新指数	25.45	27.13	16	16
规模以上工业企业 R&D 经费支出占主营业务收入的比重（%）	0.44	0.483	16	16
规模以上工业企业 R&D 人员占规模以上工业企业从业人员比重（%）	2.22	2.28	16	17
高新技术企业数量占规模以上工业企业数量比重（%）	1.90	2.66	17	17
有研发机构的规模以上工业企业占规模以上工业企业比重（%）	6.22	6.83	12	14
规模以上工业企业新产品销售收入占主营业务收入比重（%）	6.29	5.88	13	15
创新绩效指数	41.53	44.00	13	15
高新技术产业产值占规模以上工业总产值比重（%）	32.69	33.74	8	8
省级以上高新区规模以上工业主营业务收入占全市规模以上工业主营业务收入比重（%）	4.84	5.12	14	13
全员劳动生产率（万元/人）	5.01	5.49	17	17
万元 GDP 综合能耗较上年降低率（%）	5.45	5.90	7	10
创新环境指数	27.11	46.52	17	12
研发费用加计扣除减免税占企业研发经费的比重（%）	1.06	2.69	9	5
每万名就业人员累计孵化企业数（个）	0.15	0.30	17	15
科学研究和技术服务业平均工资比较系数（%）	53.84	58.27	17	17
每万人互联网宽带接入用户数（万户）	0.13	0.18	17	17

附　　录

一、区域科技创新能力评价指标体系

一级指标	序号	二级指标	数据来源
创新资源	1	全社会研发（R&D）经费支出占地区生产总值（GDP）的比重（%）	山东统计年鉴
	2	地方财政科技支出占公共财政支出的比重（%）	山东统计年鉴
	3	每万人拥有的受大专及以上教育程度人口数（人）	山东省统计局
	4	每万名就业人员中研发人员数（人年）	山东统计年鉴
	5	R&D 人员中博士毕业生所占比重（%）	山东科技统计年鉴
创新产出	6	每万元科学研究经费（基础研究经费与应用研究经费之和）的国际科技论文数量（篇）	中国科技统计年鉴 山东统计年鉴
	7	每亿元 GDP 年登记技术合同成交额（万元）	山东统计年鉴 山东省科技厅
	8	每亿元 GDP 发明专利申请数（件）	山东统计年鉴 山东省知识产权局网站
	9	每万人发明专利拥有量（件）	山东省知识产权局网站

续表

一级指标	序号	二级指标	数据来源
企业创新	10	规模以上工业企业 R&D 经费支出占主营业务收入的比重（%）	山东统计年鉴
	11	规模以上工业企业 R&D 人员占规模以上工业企业从业人员比重（%）	山东统计年鉴
	12	高新技术企业数量占规模以上工业企业数量比重（%）	山东统计年鉴 山东省科技厅
	13	有研发机构的规模以上工业企业占规模以上工业企业比重（%）	山东科技统计年鉴
	14	规模以上工业企业新产品销售收入占主营业务收入比重（%）	山东统计年鉴
创新绩效	15	高新技术产业产值占规模以上工业总产值比重（%）	山东省科技厅
	16	知识密集型服务业增加值占 GDP 比重（%）	山东统计年鉴
	17	省级以上高新区规模以上工业主营业务收入占全省（市）规模以上工业主营业务收入比重（%）	山东统计年鉴 山东省科技厅
	18	全员劳动生产率（万元/人）	山东统计年鉴
	19	万元 GDP 综合能耗较上年降低率（%）	山东统计年鉴
创新环境	20	研发费用加计扣除减免税占企业研发经费的比重（%）	山东科技统计年鉴
	21	每万名就业人员累计孵化企业数（个）	中国火炬统计年鉴 山东统计年鉴
	22	科学研究和技术服务业平均工资比较系数（%）	中国统计年鉴 山东统计年鉴
	23	每万人互联网宽带接入用户数（万户）	山东统计年鉴

二、 指标解释

1. 全社会研发（R&D）经费支出占地区生产总值（GDP）的比重

该指标是国际上通用的衡量一个国家或地区科技投入强度和科技发展水平的评价指标。其中，全社会研发（R&D）经费支出是指调查单位在报告年度内用于内部开展 R&D 活动的实际支出。GDP 是指按市场价格计算的一个国家

（或地区）所有常住单位在一定时期内生产活动的最终成果。

计算公式：（全社会 R&D 经费支出/地区 GDP）×100%。

2. 地方财政科技支出占公共财政支出的比重

该指标是衡量地方政府财政科技投入力度的重要指标。其中，地方财政科技支出是指地方用于科学技术方面的公共财政支出，包括科学技术管理事务、基础研究、应用研究、技术研究与开发、科技条件与服务、社会科学、科学技术普及、科技交流与合作等。

公共财政支出是指地方财政将筹集起来的资金进行分配使用，以满足经济建设和各项事业的需要。

计算公式：（地方财政科技支出/公共财政支出）×100%。

3. 每万人拥有的受大专及以上教育程度人口数

该指标是反映科技人力资源状况的重要指标，每万人拥有的受大专及以上教育程度人口数是大专以上学历人数和人口数之比，该指标数据增加可以体现该地区科技人力资源的流入和增加，反之，则体现了科技人力资源的流出和减少。

计算公式：（拥有的受大专及以上教育程度的人口数/总人口数）×10000。

4. 每万名就业人员中研发人员数

该指标是反映科技人力资源和研发活动人力投入强度的重要指标。其中，研发人员指调查单位内部从事基础研究、应用研究和试验发展 3 类活动的全时人员加非全时人员按工作量折算为全时人员数的总和。就业人员指在 16 周岁及以上，从事一定社会劳动并取得劳动报酬或经营收入的人员。

计算公式：（研发人员数/就业人员数）×10000。

5. R&D 人员中博士毕业生所占比重

该指标是反映 R&D 人员受教育程度的指标，指博士毕业生数与 R&D 人员数之比。

计算公式：（博士毕业生数/R&D 人员数）×100%。

6. 每万元科学研究经费（基础研究经费与应用研究经费之和）的国际科技论文数量

该指标是反映科技论文产出效率的指标，指国际科技论文数量与科学研究经费之比。其中，国际科技论文数量指由 SCI、EI、CPCI－S 收录的我国科技论文数。

计算公式：(国际科技论文数量/科学研究经费) ×10000。

7. 每亿元 GDP 年登记技术合同成交额

该指标是反映科技成果转化的重要指标，指年登记技术合同成交额与 GDP 之比。年登记技术合同成交额是指技术市场管理办公室当年认定登记的、技术转让方为当地企业或机构的技术合同的合同标的金额的总和。

计算公式：(年登记技术合同成交额/GDP) ×10000。

8. 每亿元 GDP 发明专利申请数

该指标是反映自主知识产权和自主创新的指标，指每生产亿元 GDP，当年发明专利申请数。

计算公式：(发明专利申请数/地区 GDP) ×100000000。

9. 每万人发明专利拥有量

该指标反映了相对于人口规模发明专利的存量水平。其中，发明专利拥有量是指调查单位作为专利权人在报告年度拥有的、经国内外知识产权行政部门授权且在有效期内的发明专利件数。常住人口包括居住在本乡镇街道且户口在本乡镇街道或户口待定的人；居住在本乡镇街道且离开户口登记地所在的乡镇街道半年以上的人；户口在本乡镇街道且外出不满半年或在境外工作学习的人。

计算公式：(发明专利拥有量/常住人口数) ×10000。

10. 规模以上工业企业 R&D 经费支出占主营业务收入的比重

该指标是衡量规模以上工业企业创新能力和创新投入水平的重要指标。其中，规模以上工业企业是指年主营业务收入在 2000 万元以上的工业企业。规模以上工业企业研发经费是指规模以上工业企业在报告年度内用于内部开展研发活动的实际支出。主营业务收入是指企业确认的销售商品、提供劳务等主营业务的收入。

计算公式：（规模以上工业企业 R&D 经费支出/主营业务收入）×100%。

11. 规模以上工业企业 R&D 人员占规模以上工业企业从业人员比重

该指标是衡量企业科技活动人力投入水平的主要指标，指规模以上工业企业 R&D 人员数与规模以上工业企业从业人员数之比。

计算公式：（规模以上工业企业 R&D 人员数/规模以上工业企业从业人员数）×100%。

12. 高新技术企业数量占规模以上工业企业数量比重

该指标是衡量地方创业水平的指标。高新技术企业是指按照《高新技术企业认定管理办法》获得认定的，在《国家重点支持的高新技术领域》内，持续进行研究开发与技术成果转化，形成企业核心自主知识产权，并以此为基础开展经营活动，在中国境内（不包括港、澳、台地区）注册的居民企业。

计算公式：（高新技术企业数/规模以上工业企业数）×100%。

13. 有研发机构的规模以上工业企业占规模以上工业企业比重

该指标是反映工业企业整体创新水平的指标。其中，研发机构是指在区内设立的独立或非独立的具有自主研发能力的技术创新组织载体。

计算公式：（有研发机构的规模以上工业企业数/规模以上工业企业数）×100%。

14. 规模以上工业企业新产品销售收入占主营业务收入比重

该指标是衡量规模以上工业企业创新产出的重要指标之一。其中，新产品销售收入反映工业企业新产品销售的规模。新产品指的是采用新技术原理、新设计构思研制生产的全新产品，或在结构、材质、工艺等某一方面比原有产品有明显改进，从而显著提高了产品性能或扩大了使用功能的产品。

计算公式：（规模以上工业企业新产品销售收入/规模以上工业主营业务收入）×

100%。

15. 高新技术产业产值占规模以上工业总产值比重

该指标是衡量高新技术企业创新产出的重要指标，反映科技创新对产业结构的优化程度。其中，高新技术产业产值是指属于山东省高新技术产业统计范围的行业的企业产值。规模以上工业总产值是指以货币形式表现的，规模以上工业企业在一定时期内生产的工业最终产品或提供工业性劳务活动的总价值量，它反映一定时间内规模以上工业生产的总规模和总水平。

计算公式：(高新技术产业产值/规模以上工业总产值) ×100%。

16. 知识密集型服务业增加值占 GDP 比重

该指标反映了一个地区的知识密集型服务业发展水平，测度一个地区的经济产出中的知识含量大小和产业结构升级水平。知识密集型服务业包括：①信息传输、软件和信息技术服务业；②金融业；③租赁和商务服务业；④科学研究和技术服务业。

计算公式：(知识密集型服务业增加值/地区 GDP) ×100%。

17. 省级以上高新区规模以上工业主营业务收入占全省（市）规模以上工业主营业务收入比重

该指标是衡量地方省级以上高新区创新能力的指标。省级以上高新区规模以上工业主营业务收入是指高新区内规模以上工业企业主营业务收入之和。

计算公式：(省级以上高新区规模以上工业主营业务收入/全省（市）规模以上工业主营业务收入) ×100%。

18. 全员劳动生产率

该指标反映了全社会的劳动效率，指根据产品的价值量指标计算的平均每一个从业人员在单位时间内的产品生产量。

计算公式：(地区 GDP/就业人员数) /10000。

19. 万元 GDP 综合能耗较上年降低率

该指标是反映能源消费水平和节能降耗状况的主要指标，是指在一定区域内，国民经济各行业和居民家庭在一定时间消费的各种能源总和与上一年相比的下降幅度。

计算公式：(1 -本年万元 GDP 综合能耗/上年万元 GDP 综合能耗) ×100%。

20. 研发费用加计扣除减免税占企业研发经费的比重

该指标是反映政府对企业科技活动的重视程度的指标。研发费用加计扣除减免税是指企业按有关政策和税法规定税前加计扣除的研发活动费用所产生的所得税减免额。企业研发经费是指规模以上工业企业在报告年度内用于内部开展研发活动的实际支出。

计算公式：(研发费用加计扣除减免税/企业研发经费) ×100%。

21. 每万名就业人员累计孵化企业数

科技企业孵化器是以促进科技成果转化、培养高新技术企业和企业家为宗旨的科技创业服务载体，其累计孵化企业数是科技创新环境的重要体现。

计算公式：(科技企业孵化器累计毕业企业数/就业人员数) ×10000。

22. 科学研究和技术服务业平均工资比较系数

科学研究和技术服务业工资水平反映了政府及社会对从事科学研究和技术服务工作的劳动者劳动报酬的认可程度。但由于各地区消费水平差异较大，因此，这一指标还需要用地区科学研究与技术服务业工资水平与全国（全省）该行业工资水平的比例进行修正。

计算公式：(地区科学研究和技术服务业平均工资/地区全社会平均工资) ×[地区科学研究和技术服务业平均工资/全国（全省）科学研究和技术服务业平均工资] ×100%。

23. 每万人互联网宽带接入用户数

该指标是衡量一个地区信息化发达程度的指标，指互联网宽带接入用户数与总人口数之比。

计算公式：互联网宽带接入用户数/总人口数。

三、评价方法

采用指数法对各级指标进行综合，各级评价值均可称为“指数”。评价步骤如下。

（1）将各二级指标除以相应的评价标准，得到二级指标的评价值，即为二级指标相应的指数，计算方法为：

$$y_{ij} = \frac{x_{ij}}{x_{.j}} \times 100\%,$$

其中：x_{ij} 为第 i 个一级指标下、第 j 个二级指标；$x_{.j}$ 为第 j 个二级指标相应的标准值。

（2）一级指标评价值（一级指数）$y_{i.}$ 由二级指标评价值加权综合而成，即：

$$y_{i.} = \sum_{j=1}^{n_i} w_{ij} y_{ij},$$

其中：w_{ij} 为各二级指标评价值相应的权重；n_i 为第 i 个一级指标下设的二级指标的个数。

（3）总评价值（总指数）由一级指标加权综合而成，即：

$$y = \sum_{i=1}^{n} w_{i.} y_{i.},$$

其中：$w_{i.}$ 为各一级指标评价值相应的权重；n 为一级指标个数。

四、 报告图解

山东省区域科技创新能力评价报告2018

《山东省区域科技创新能力评价报告2018》

从以下5个方面设置一级指标，

选取23个二级指标组成了指标体系，

对全省及各市科技创新水平分别进行分析比较。

全省科技创新水平稳步提升 01

研究显示，全省科技创新水平指数达**125.98%**，较上年提高**16.39个百分点**。

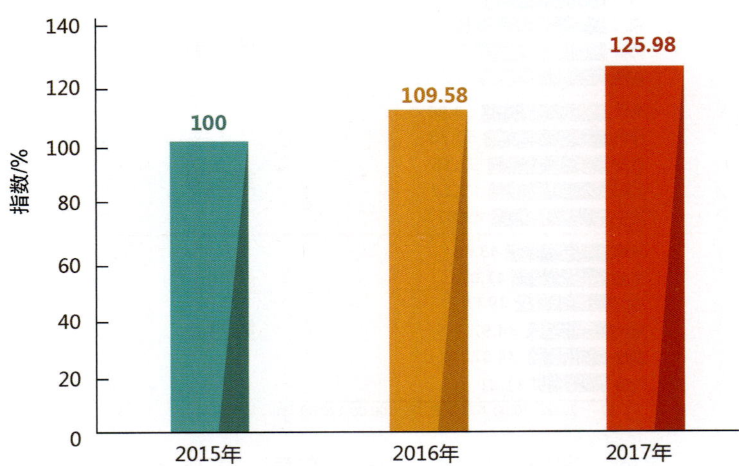

各市综合科技创新水平指数较上年均实现增长

济南、青岛、淄博、威海、烟台、东营

综合科技创新水平位居**全省前6位**

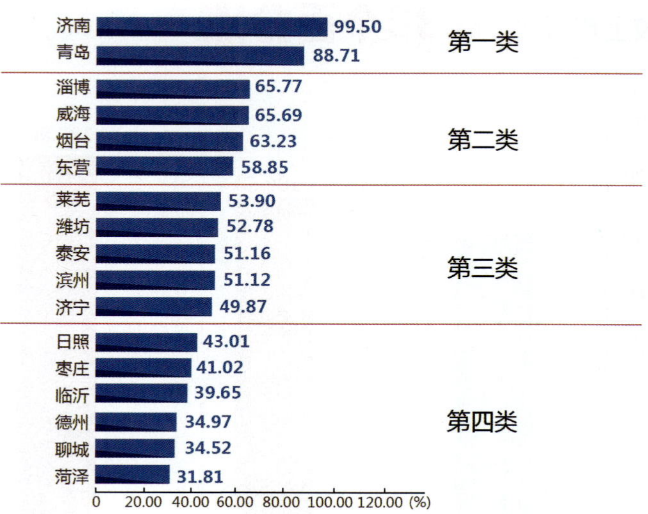

济南、淄博、滨州、烟台、东营、青岛

综合科技创新水平增幅位居**全省前6位**

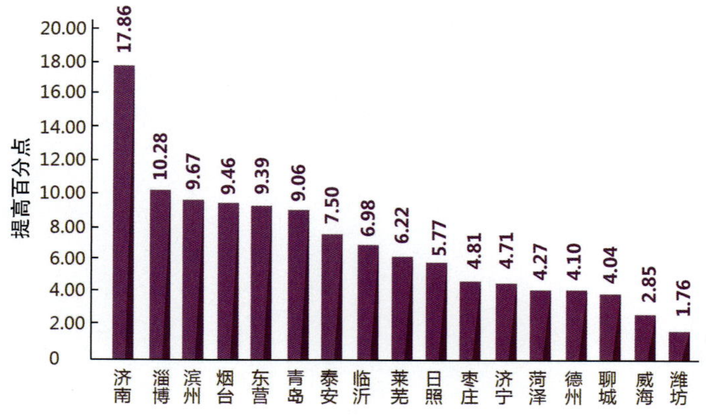

区域科技创新优势各有侧重

从创新资源指数来看

济南、青岛、威海、东营、烟台、淄博位居**前6位**

均上升1位

从创新产出指数来看

济南、青岛、淄博、威海、潍坊、烟台位居**前6位**

位次上升2位

从企业创新指数来看

青岛、济南、淄博、烟台、济宁、莱芜位居**前6位**

9位↑至3位

6位↑至4位

从创新绩效指数来看

济南、青岛、淄博、威海、泰安、东营位居**前6位**

16位↑至10位

17位↑至13位

9位↑至6位

主要原因是万元GDP
综合能耗降低率大幅提升

从创新环境指数来看

济南、东营、青岛、烟台、威海、莱芜位居**前6位**

14位↑至6位

17位↑至12位

主要因为研发费用加计扣除减免税
占企业研发经费的比重提高幅度较大

04 济南、青岛综合科技创新水平遥遥领先

济南、青岛引领创新发展的地位和优势日益凸显，其创新资源的集聚能力、创新成果的产出效率和扩散效应、产业创新水平及对周边地区的辐射能力均遥遥领先于其他各市。济南、青岛综合科技创新水平指数**超过85%**。

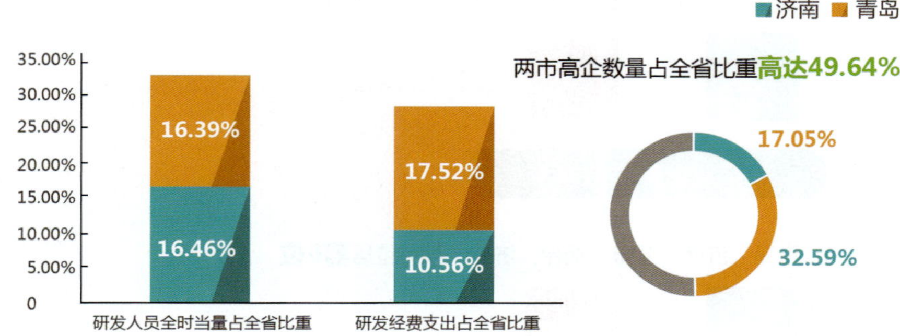

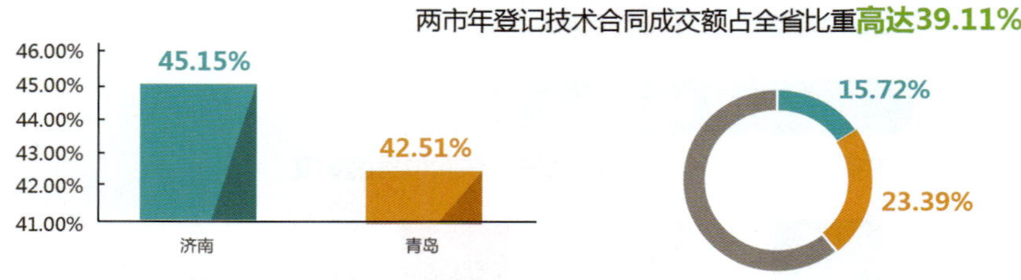

高新技术产业产值占规模以上工业产值比重

山东半岛国家自主创新示范区创新辐射带动作用增强

山东半岛国家自主创新示范区进一步整合创新资源，在其辐射带动下，所在的六个市（济南、青岛、淄博、潍坊、烟台、威海）科技创新优势突出。

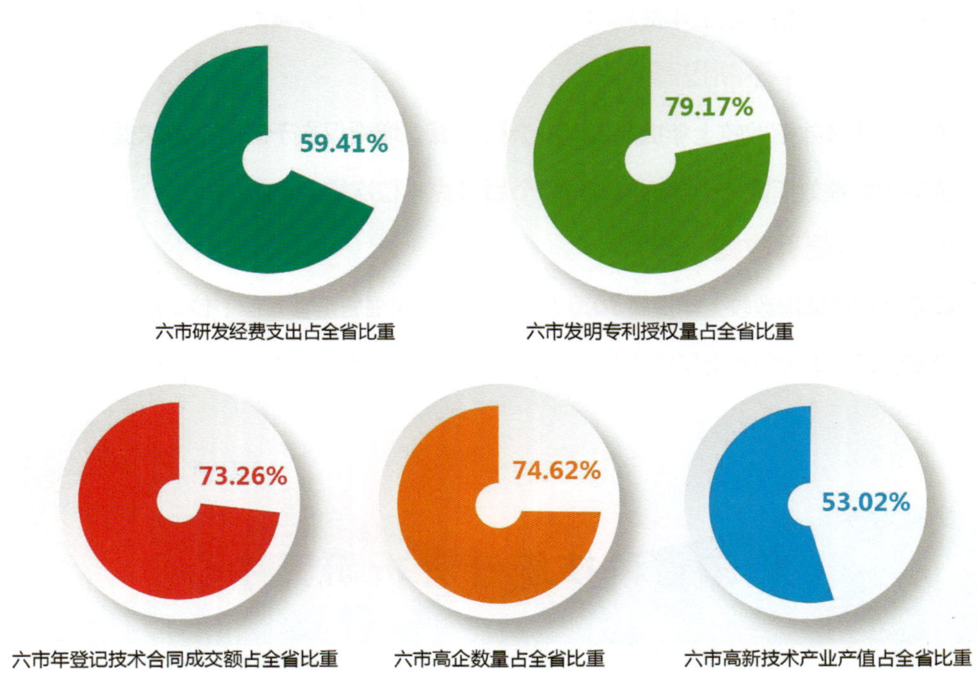

中西部地区加速发展态势明显

企业创新能力明显增强

聊城企业创新指数较上年提高**11.32个百分点**，增幅居全省第4位。

日照企业创新指数较上年提高**10.88个百分点**，增幅居全省第5位，位次提升1位。

创新绩效水平不断提高

滨州创新绩效指数较上年提高**21.99个百分点**，增幅仅次于济南，位次提升6位。

临沂创新绩效指数较上年提高**20.34个百分点**，位次提升4位。

创新环境显著改善

莱芜创新环境指数较上年提高**30.07个百分点**，增幅居全省首位，位次提升8位。

菏泽创新环境指数较上年提高**19.41个百分点**，位次提升5位，仅次于莱芜。

山东省科技统计分析研究中心